はじめよう！デジタル・シティズンシップの授業

善きデジタル市民となるための学び

JDiCE
日本デジタル・シティズンシップ
教育研究会　編

坂本　　旬
豊福　晋平
芳賀　高洋
今度　珠美
林　　一真
野本　竜哉

水内　豊和
齋藤　大地
勝見　慶子
斉藤　　剛
有山裕美子
浅村　芳枝
秋山　貴俊
今田　英樹
大崎　　貢
山﨑　恭平
後藤　匡敬
樋井　一宏
山崎　智仁

日本標準

はじめに

　デジタル・シティズンシップ教育は1人1台端末時代の教育の土台です。『デジタル・シティズンシップ　コンピュータ1人1台時代の善き使い手をめざす学び』（大月書店）が2020年の暮れに出版されて以来、デジタル・シティズンシップという用語が急速に教育界に普及し始めました。もともとGIGAスクール構想のために企画した本ではありませんでしたが、結果的にGIGAスクール時代にぴたりと付合した教育だったのです。こうした事情は海外でも同様です。新型コロナウイルス感染症パンデミックのもとで、世界中で遠隔授業を実施せざるを得なくなり、学習へのデジタル端末活用は必須となりました。同時に、デジタル端末との付き合い方を学ぶための土台となるデジタル・シティズンシップ教育の普及が加速したのです。

　筆者らによる第二弾は2022年の春に出版した『デジタル・シティズンシップ　プラス　やってみよう！　創ろう！　善きデジタル市民への学び』（大月書店）です。この本は、2020年に発表されたハーバード大学の報告書「若者とデジタル・シティズンシップ＋（プラス）：デジタル社会におけるスキルの理解」のタイトルにインスパイアーされたものでした。この報告書は、デジタル・シティズンシップを従来のシティズンシップの拡大概念として位置づけました。これまで、シティズンシップ教育は選挙権を得る年代を中心にして行われるものという理解が一般的でしたが、デジタル時代は選挙権を得る前の子どもでもデジタル端末を通じて公共社会に参画しているという現実を見れば、デジタル端末に出会う幼稚園から発達段階に沿って学ぶ必要があるのです。この本の副題の「善きデジタル市民への学び」は、単なる善き使い手ではなく、「善きデジタル市民」を目指すデジタル・シティズンシップ教育の本質を示しています。

　つまり、デジタル・シティズンシップ教育は「情報モラル」教育の言い換えでもなければ、単なるバージョンアップでもありません。まったく異なるレベルの教育概念であり、デジタル時代の教育全体の土台に関わる考え方なのです。現行の学習指導要領の前文には、「持続可能な社会の創り手」になることが求められると書かれています。学習指導要領の土台はESD（Education for Sustainable Development：持続可能な開発のための教育）であり、デジタル・シティズンシップ教育はデジタル時代のESDとも言えるでしょう。

　ユネスコは、2022年夏、「国際理解、協力、平和のための教育および人権と基本的自由に関する教育に関する勧告」（1974年）の改訂に向けて、「グローバル・デジタル時代におけるシティズンシップ教育」を発表しました。そこにはESDおよびグローバル・シティズンシップ教育、メディア情報、リテラシー教育を統合したデジタル・シティズンシップ教育政策の重要性が明記されています。デジタル・シティズンシップ教育はデジタル時代の民主主義と人権を確立させ、国際協力と平和のために欠かせない教育理念なのです。このようなデジタル・シティズンシップ教育の基本理念を理解することがデジタル・シティズンシップ教育実践を進める上で不可欠です。

デジタル・シティズンシップ教育は新しい考え方であるために、さまざまな誤解がされることがあります。例えば、情報モラルは「情報社会に参画する態度」の育成が含まれているのだからデジタル・シティズンシップは不要だという意見があります。しかし、情報モラルには市民性（シティズンシップ）の基本的な要素が欠けているため、ESDに接続させるには工夫が必要です。モラルは個人的なものであり、そのままでは市民社会や世界の課題にはつながりません。例えば、デジタル・シティズンシップ教育に不可欠な批判的思考やアイデンティティの育成、ヘイトスピーチへの対応、アップスタンダー教育、市民社会への参画のためのスキルの育成などは情報モラル教育にはあまり見られないようです。地域の課題と世界の課題を結びつけ、解決のために行動する力を育成するためには、これらの要素は必要不可欠なのです。

　本書は、6人の著者によって、デジタル・シティズンシップ教育の原理を序論としてまとめています。そのあと、小学校6つ、中学校・高校4つの実践事例を用意しました。さらに2人の著者が特別支援教育におけるデジタル・シティズンシップ教育の考え方を解説し、3つの特別支援学校の実践事例を用意しました。これら13の実践例はデジタル・シティズンシップ教育の実践がどのようなものなのか、わかりやすく提示しています。

　2022年11月19日、第3回ユネスコ日韓メディア情報リテラシーフォーラムがオンラインで開催されました。日韓の情報通信行政の担当者がそれぞれのメディア情報リテラシーとデジタル・シティズンシップ教育政策について報告し、討論を行いました。報告によると、韓国はすでに国家プロジェクトとして全世代型のデジタル・シティズンシップ教育政策を推進しており、学校教育のみならず、幼児から高齢者を含めた、それぞれの需要に対応する教育の実現を目指しています。政府全体として、デジタル・シティズンシップの原点である人権や民主主義の理念が共有されていると言えるでしょう。

　日本におけるデジタル・シティズンシップ教育はまだ始まったばかりですが、すでに一つの市民教育運動となっています。しかもこの運動は日本だけではなく、世界中で進められていることを忘れてはいけないでしょう。世界中の学校で世界中の子ども・青年がこの新しい学びに取り組んでいます。私たちの活動はそのまま世界につながっているのです。本書をそのための第一歩として活用していただけることを期待いたします。

　なお、私はかつて日本標準で編集者として在籍していたことがあります。本書の出版の機会を与えていただいた日本標準に感謝を申し上げます。

　2023年5月

坂本　旬

目　次

第1章　デジタル・シティズンシップとは

第2章　デジタル・シティズンシップ 小学校・中学校・高校　実践10事例

第3章 特別支援教育におけるデジタル・シティズンシップ概論　実践3事例

デジタル・シティズンシップ とは

1 デジタル・シティズンシップとESD

坂本 旬

　デジタル・シティズンシップとは「デジタル技術を使用して学習、創造し、責任を持って市民社会へ参加する能力」です。よく比較されることの多い情報モラルは「情報社会で適正な活動を行うための基になる考え方と態度」です。ここには情報社会へ参画する態度が含まれていますが、モラル教育であるため、シティズンシップ教育の視点はあまり見られません。そのため、情報モラル教育には不十分な点がいくつかあります。「はじめに」でも述べましたが、デジタル・シティズンシップはESDとつながることで、本来の価値を発揮することができます。しかし、情報モラルにはそのような視点が不十分です。

　しかし、デジタル・シティズンシップ教育にもモラルの要素が含まれています。デジタル・シティズンシップは情報モラルの置き換えではなく、上位概念だと考えればよいでしょう。アメリカで最も使われているデジタル・シティズンシップ教材を開発したコモンセンス財団は、ハーバード大学プロジェクトゼロによる「デジタルジレンマ」研究の成果を適用しています。この「デジタルジレンマ」とは、「今日のネットワーク社会における個人的、モラル的、倫理的そして市民的ジレンマ」なのです。そのことを端的に示すのが「責任のリング」です（図1）。私たちには自分への責任があります。そしてそのまわりに地域や家族・友人のコミュニティへの責任があり、そのまわりに社会そして世界への責任があります。この3つの輪を「責任のリング」と呼びます。

　真ん中の自分への責任の輪は、個人の幸せとモラルがあります。コミュニティへの責任は倫理に対応します。そして世界への責任がシティズンシップに対応します。つまり、情報モラルは真ん中の個人の幸せとモラルに関わる内容なのです。しかし、しばしば個人のモラルはコミュニティの倫理と矛盾することがあります。例えば、自由を大事にするモラルを持つ人は、学校などの所属組織の厳しい倫理観に合わないこともあるでしょう。

　このように、自分、コミュニティ、世界の間は必ずしも調和的とは限らず、さまざまなジレンマが存在します。そしてそれは時代と社会によって変化します。とりわけ、デジタル生活では、日常モラルでは判断することができない問題が数多く存在します。プロジェクトゼロは実際に子ども・青年が直面するデジタルジレンマを調査し、その結果をもとにカリキュラムや授業案を作りました。デジタル足あとやデジタルアイデンティティ、自己管理と個人の幸福、ネットいじめ、家族との人間関係、さらにヘイトスピーチや市民活動、政治・社会正義の問題など

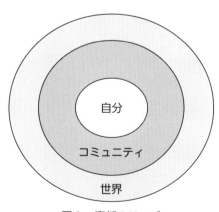

図1　責任のリング

さまざまなジレンマを扱っています。モラルに関わる内容はこのうちの一部に過ぎません。デジタル・シティズンシップ教育は、モラル以外の倫理やシティズンシップに関わる内容を含んでいるのです。

　デジタル・シティズンシップ教育におけるモラルに求められるのは、資質と思考ルーチンと呼ばれるものです。資質とは日常生活の指針となるもので、スキルのように繰り返すことによって身につけられます。例えば、「立ち止まって自分を振り返る」「好奇心と共感を持って心を開く」「事実を求め、証拠を評価する」「選択とその影響を考える」「行動して責任を持つ」などが挙げられます。中学校・高校になると、思考ルーチン（ジレンマについて熟考するための枠組み）を用います。例えば「立ち止まって、一歩下がり、見直し、先を見すえる」といったものです。これらの教育には、自分とは異なる他者の視点を考え、共感するというモラル教育の方法が取り入れられています。

　学習指導要領の土台にあるのはESDの考え方です。学習指導要領前文には「持続可能な社会の創り手」の育成を目指すことが掲げられています。自分とは異なる多様な他者の視点を拡大していけば、それは世界につながります。デジタル・シティズンシップ教育は行動を重視しますが、それはESDの「課題解決に向けて行動する」という目標と重なります。デジタル・シティズンシップもESDもユネスコの教育理論であることを考えると、両者の方向性が合致するのは当然のことだと言えます。

　情報モラル教育からESDにつなげるための見取り図が「デジタル・シティズンシップのラッパ」（図２）と呼ばれるものです。真ん中にはデジタル・シティズンシップ教育の６つの領域があります。情報モラル、デジタル・シティズンシップ教育、ESDは一つの構造であり、学習の順番ではありません。これらは同時に進めていくことが求められます。このようにデジタル・シティズンシップ教育はESDの理念を土台とする学習指導要領の実施に不可欠な教育なのです。

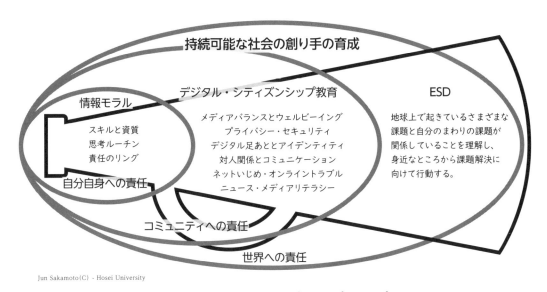

図２　デジタル・シティズンシップのラッパ

2 小学校高学年以降のデジタル・シティズンシップ授業の難しさをどう乗り越えるか

豊福 晋平

2022年からデジタル・シティズンシップの実践授業に立ち会う機会が大幅に増えました。小中高の広範囲で、かれこれ70例以上は拝見したでしょうか。もともと授業実践研究が専門ではない私にとって、たいへん興味深く貴重な学びの機会になりました。そのような経験を踏まえつつ、本書の序論に一考加えるに当たって、最近の実践でしばしば直面する小学校高学年以降の課題について取り上げます。

（1）子どもの実態に迫れない授業

例えば、授業中に教師が子どもたちのデジタル世界での日ごろの経験を尋ねても、学年が上がるほど素直に答えてくれなくなります。子どもたちは「デジタルで自分がしていることは（大人が止めさせようとするような）ヤバイことだ」と後ろめたい感情をすり込まれているようです。教師側から特に何を求める意図がなくても、なぜか条件反射的に二言目には「反省します、使わないようにします」のような言葉をすぐ口にします。

こうした子どもたちの型通りの反応は、（ありがちな）規制・抑圧・禁止型の指導意図を完全に先読みしているかのようです。教室の雰囲気は硬くうつろで、次々と指名して発言を求めても、回答内容は平板で広がりや深まりを持つことがありません。

ただ、同じテーマを扱った授業でも、あるクラスでは全く違った展開を見せることがあります。ある条件がかなえば、デジタル世界での経験に自信を持っている子どもは、オンラインゲームやSNSなどでのさまざまなエピソード（遭遇したリスクやトラブルも含む）を自ら進んで得意満面で共有してくれます。その内容は、周囲にいる子どもたちばかりでなく、大人側も驚くようなことがしばしば含まれています。

彼らは学校の外で大人たちの想定を超えるような大冒険（当然リスクやトラブルも）を経験しています。デジタル世界の最前線にいるのは、こうした（一部の）子どもたちであることを、たびたび気づかせられる訳です。その世代特有のアプリの選択や扱い方、言葉づかいなど、本来、彼らの経験から学べることはたくさんあるはずですが、大人側がそれらを封じれば、子どもたちから教えてもらえる貴重な機会は失われてしまいます。

（2）大人の都合を通したいのか、子どもの課題を一緒に考えるか

ここで授業者はジレンマと向き合わねばなりません。子どものデジタル世界を扱う授業では、大人が子どもに知識や常識を一方的に与えるやり方ではなかなかうまくいかないからです。いや、授業としては成立するのですが、授業者にとっては手応えのない、後味の悪い結末になりがちです。

子どもたちは教師の指導意図を先回りして授業シナリオや結論に付き合ってはくれますが、心底納得している表情を見せてくれることはありません。特に10代の子どもたちを相手にするとき、その傾向は顕著になるように見えます。

　デジタル・シティズンシップの授業では、しばしば対話場面や課題解決が強調されますが、児童生徒と教師間、児童生徒どうしの相互作用がギクシャクしていると、展開にも無理が生じてしまいます。こうした課題をどう乗り越えたらよいでしょうか。

　まず考えたいのは、課題状況の背景にあるものです。学年が上がるほどその傾向が顕著になるのは発達的なものか、といえば、一概にそうとも言い切れないところがあります。

　いずれにせよはっきりしているのは、大人と子どもの間には世代間ギャップがあることですが、ギャップを埋められるか否かは、互いに認識の違いがあることを認めつつ、合意可能な共通解を見いだせるか、にかなり影響されるようです。

　もう一つは、学校・大人・保護者が、しばしば立場の優位性を持って自分たちの認識やルールを強引に押し付けてしまうことです。規則・ルールは子どもの実態や課題意識に即したものでなければ、子どもたちは自分事として引き受けることができません。

　本来、現実に生じるデジタル課題を解決するために、情報モラルやデジタル・シティズンシップを扱っているはずなのに、結局、大人たちは勝手に騒いで、子ども側に責任を着せて、問題を起こしたくないから一方的に規制し、目の届かないところに追いやって知らぬふりしているだけではないか、としばしば10代の生徒たちからアイロニカルな目線を向けられるのは、実践を組み立てる側としても辛いものがあります。

（3）了解可能なポイントを作る

　さて、デジタル・シティズンシップ実践上の特徴としては、主に、

①子どもたちへの共感

②言葉の定義や仕組みの明解な提示

③思考ルーチンによる具体的手立て

④対話を通じたデジタルジレンマ課題への取り組み

の4点を挙げることが多いのですが、授業導入部で強調されるのが、①子どもたちへの共感です。対話や協働での問題解決場面には、組織・学習集団の心理的安全性（自分の考えや気持ちを誰に対してでも安心して発言できる状態）が必要で、先に述べたように子どもたちが喜んでアイデアを提供してくれるのも、ふだんの学級経営姿勢が大いに影響していると感じます。

　ただ、授業がさまざまな学年や学級状況を背景に実施されることを考えれば、①全体の共感性を強調し過ぎると逆にしんどくなってしまうかもしれません。特に10代以上（大人も）は心理的ガードが堅いので、むしろ課題解決のための重要概念（②言葉・仕組み　③思考ルーチン）をさっと提示して演習へ導いたほうが、分析や考察を通じた検討・対話を引き出しやすくなることがあります。

例えば、「メディアバランス」ひとつとっても、小学校では「理想のメディア計画」を扱いますが、中学校・高校では、SNS等のアプリ・サービス提供側の情報デザイン意図や、ユーザーの注意・注目を奪うことでビジネス化する、アテンション・エコノミーから考えてみる、といったアプローチがあります。

（4）口頭発表にこだわらない

　デジタル・シティズンシップの授業は、しばしば自分以外の参加者の考えを知る貴重な機会になりますが、高学年ほど授業中の口頭発表はうまく行かないように見えます。こんなときにクイックに情報をまとめたり共有したりすることに使えるのがICTです。ロイロノート・スクールやGoogle Jamboardといったアプリを共有して使えば、手間もなく、情報を一箇所にまとめて俯瞰できるので、子どもたちの発表への気後れが回避でき、比較やコメントの書きこみが簡単で、記録も簡単にオンラインで残せるようになります。共有のための時間を短縮できる効果もあります。

　もう少し踏み込んだ検討をしたいところですが、簡単にまとめると、デジタル・シティズンシップ授業を進めるために、集団の共感はあったほうが絶対よいが、子どもからの発言や提案をベースに授業展開するのは高学年ほど難しくなる。共感を得ることが難しい場合は、重要概念を示して、分析や考察に基づく検討や対話を促すこと、口頭発表の困難があれば、ICTツールを用いた情報共有が使える、というところでしょうか。デジタル・シティズンシップの中でも高学年のカリキュラムはまだまだ未開拓なので、実践の方々とアイデアを共有しながら進めていきたいところです。

3. デジタル・シティズンシップの理念と実践

芳賀 高洋

（1）ボトムアップで広がるデジタル・シティズンシップの理念と実践

　私たちがボトムアップで日本の教育界にデジタル・シティズンシップを紹介したのは、GIGAスクール構想「前夜」となる2019年11月のことです（法政大学でのシンポジウム開催）。はじめは全く注目されませんでしたが、2020年末に筆者らが著したデジタル・シティズンシップの書籍が出版されると、マスコミ報道でも取り上げられはじめます。2021年7月には右の写真のように岐阜市教育委員会と筆者が在籍する岐阜聖徳学園大学は、公式に「デジタル・シティズンシップ教育推進に係わる連携協定」を締結しています。

〈参照　岐阜市ホームページ〉

　そして、2022年度に入ると筆者にも愛知県、岐阜県の小中学校を中心にデジタル・シティズンシップに関する教員研修依頼を多数（少なくとも年間50件以上）いただくことになり、今では研修は「講演」から「ワークショップ」に模様替えしています。また、小中学生へのワークショップ依頼も激増しました。

　しかし、左の図1のようにデジタル・シティズンシップの知名度はまだまだ低いのが実情です。

　そこで、筆者が2022年に実施したデジタル・シティズンシップの理念や実践普及のためのワークショップを紹介します。校内研修会や教育委員会の教員研修実施の参考にしていただければ幸いです。なお、デジタル・シティズンシップの教員研修プログラムについてはJSPS科研費JP21K02533の助成を受けて検討しています。

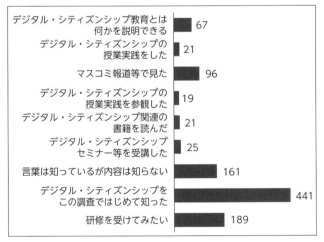

図1　2022年6月-11月期 教員研修前のデジタル・
シティズンシップ知名度調査
（筆者調べ、有効回答数796、複数回答）

（2）デジタル・シティズンシップワークショップ

　教員研修デジタル・シティズンシップワークショップは90分構成（もしくは120分構成）で、

図2　教員研修デジタル・シティズンシップワークショップの展開

図2のように展開します。なお、ワークショップ実施前にGoogleフォームなどで1人1台情報端末導入のよかったこと（効果）と困ったこと（課題）に関する無記名アンケート調査をしておくとよいでしょう。ワークショップのはじめにその結果を発表して、現場の実態やニーズを共有します。小中学生の授業ワークショップの場合は②と③をカットしますが、まず1人1台情報端末利活用を振り返るのは同じです。

①GIGAスクール構想の振り返りワークショップ

　デジタル・シティズンシップは単なるネットの安全教室の「ネタ」ではなく、学校DXやGIGAスクール構想の推進に欠かせないエンジンを構成する要素であることを理解するために、1人1台情報端末導入のメリット（よかったこと、効果）とデメリット（困ったこと、課題）を、まず個人で、次にグループで、最後に全体で振り返ります（図3は120分研修用の資料、90分研修の場合は左ページを省略）。ポイントは、1人1台情報端末導入に対する感じ方、考え方は人それぞ

図3　教員研修デジタル・シティズンシップワークショップ120分研修用の資料

れであること（多様性）を知り、互いの考え方を尊重することで、その上で、例えば、情報端末の活用上、困っている教員に対して、何ができるか、どう助け合えるか、といったケアを同僚教員や管理職が考えます。

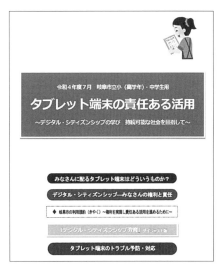

図4　岐阜市教育委員会制作の
ガイド冊子

②デジタル・シティズンシップの定義と考え方

　①のワークショップを踏まえ、ユネスコやOECD、欧州評議会、国際教育工学会（International Society for Technology Education）が訴えるデジタル・シティズンシップの定義を紹介し、岐阜市教育委員会制作のガイド冊子「タブレット端末の責任ある活用〜デジタル・シティズンシップの学び　持続可能な社会を目指して〜」（図4）を参考資料に、デジタル・シティズンシップの定義と理念を理解します。

　岐阜市のガイド冊子は、以前は「〜をしてはならない」というブラックリストのルールを児童生徒と保護者に提示し、最後に保護者に対してルールを守るように「同意」のサインをさせる構成でした。これを全面的に改め、そもそもGIGAスクール構想とは何かを児童生徒も保護者も教師も理解し、私たちが情報端末を利用する権利を実現し、責任を果たす意味/意義を考えるために、ホワイトリストの岐阜市の利用規約、デジタル・シティズンシップ教育で何が変わるか（与えられた学びから自律的な学びへの転換等）の例示、トラブル予防/対応マニュアルとワークシートで構成しています。また、保護者の「同意」を求めるのではなく、保護者から自分の子どもへの情報端末利活用に対するメッセージを書いてもらうことにしています。デジタル・シティズンシップの理念に基づく教育は、大人が注意喚起やルール遵守を呼びかける以前の「そもそも」を具体的に検討して理解し、教師も保護者も児童生徒も「同じ市民としてともに学ぶ」必要があることを理解します。

③デジタル・シティズンシップの授業実践の
ポイント―デジタル・シティズンシップの
３ステップ・スパイラル・モデル

　続いて、日本の学校でデジタル・シティズンシップの「授業」を実践する際の柱となる

図5　デジタル・シティズンシップの３ステップ・
スパイラル・モデル（作成：芳賀）

3ステップ・スパイラルのモデルを提案します（図5）。

　このモデルは、デジタル・トランスフォーメーション（DX）の3ステップ（デジタイゼーション→デジタライゼーション→トランスフォーメーション）、コモンセンス財団のデジタル・シティズンシップ教材「責任のリング」（自分自身→周囲の人々→世界）、OECD PISA創造的思考力の三相（独創的アイデア/多様なアイデア/アイデア評価と改善）等を参考に筆者が考案しました。

　このモデルの特徴は、ステップ1（個の学び）→ステップ2（他者との学び）→ステップ3（社会的な学び）への一方向の流れで完結する学びではなく、ステップ2からステップ1に、ステップ3からステップ1に戻る（進む）などスパイラルな学びである点です。そして、それぞれのステップを日本の教師になじみのある学習指導要領の「主体的・対話的で深い学び」に関連づけています。

【ステップ1】個（パーソナル）の学び：主体的　場所：不問（幼稚園児や小学校低学年にも推奨）

　ICT利活用等に関する課題（テーマ）について、個人（自分）の感情/感覚、考え/意見を整理し、深めます。自分自身を振り返り、自分自身の幸福、利益、不利益を認識します。この段階では必ずしも物事を客観的に、批判的にとらえられなくともかまいません。

【ステップ2】他者（グループ）との学び：対話的　場所：クラス/家庭

　ステップ1で取り上げた課題について、クラスや家庭で対話をし、他者の感情/感覚、考え、意見を知り、他者の考えを尊重し、多様性を認識します。もちろん、自己の感情や考えを秘密にしたい場合やセンシティブ情報の場合は他者と共有せずともよいこととします。課題や発達段階によってはネットで調査（調べ学習）し、課題に対して客観的、批判的にみる力を養います。また、例えば、情報機器の利用（メディア・バランス等）に関する学校や家庭での目標設定や約束ごとなどはこの段階で実践し、ステップ1（個の学び）に立ち戻る場合もあります。

【ステップ3】社会的（ソーシャル）な学び：深い（広い）学び　場所：学校/地域/ネット

　ステップ1、ステップ2を踏まえたアウトプットの実践です。学校や地域社会、あるいは、インターネットを使って協働的な「仕事」を実践します。例えば、学校であれば、委員会活動、学校行事、校外学習等で実践する機会を設けます。その後、ステップ1、ステップ2に戻り、改めて個/他者の感情/感覚、考え、意見の「振り返り」をし、ブラッシュアップするなど、よりよき変化、よりよき変革の認知を促します。

④デジタル・シティズンシップの授業実践ワークショップ

　③の3ステップに沿った授業実践例を知るためのワークショップを行います。本書に掲載の実践例でもよいですし、経済産業省「未来の教室 STEAMライブラリー」に掲載しているデジタル・シティズンシップ教材もよいですが、本節では筆者が独自に開発した「5分でできる」教材を紹介します。

　学校現場で多いトラブルの一つに写真の撮影や公表に関するトラブルがあります。その際の指導として、例えば「人の写真を勝手に撮らない！撮影するときは肖像権に注意しよう！」といっ

表 〈他の人に見せないで〉
自分は、写真をとられることや、自分の写真が他の人に見られることについて、
どう思っているのか、自分はどう感じるのかを、自分の気持ちに正直に、かくにん
しよう。

私は自分の顔や姿の写真をとられるのは

とてもスキ　　　まあスキ　　　少しスキ　スキでもイヤでもない　少しイヤ　　　まあイヤ　　　とてもイヤ

私は自分の顔や姿の写真が
ネットにのせられるのは

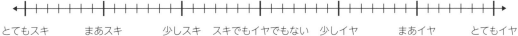

とてもスキ　　　まあスキ　　　少しスキ　スキでもイヤでもない　少しイヤ　　　まあイヤ　　　とてもイヤ

裏 となりの（　　　　　）さんは、写真をとられたり、写真が広まったりする
ことについて、どう思っているのか、**予想（よそう）**してみよう。

となりの（　　　）さんは、自分の顔や
姿の写真をとられるのは

とてもスキ　　　まあスキ　　　少しスキ　スキでもイヤでもない　少しイヤ　　　まあイヤ　　　とてもイヤ

となりの（　　　）さんは、自分の顔や
姿の写真がネットにのせられるのは

とてもスキ　　　まあスキ　　　少しスキ　スキでもイヤでもない　少しイヤ　　　まあイヤ　　　とてもイヤ

図6　写真の撮影における個の感情感覚、考えを知る教材

た大ざっぱな注意になってしまったり、「写真を勝手に撮られたら、嫌な気分になるよね？」と、誰もが同じ感覚を持っており異論を認めない指導になったりしがちです。さらに「肖像権に注意しよう！」と言っている本人も「肖像権とは何か」をうまく説明できないかもしれません。

　さて、そもそも、なぜ私たちは他者の写真を勝手に撮ってはいけないのでしょうか？

【ステップ1】

　まず、表「私は自分の顔や姿の写真をとられること」、「私は自分の顔や姿の写真がネットにのせられること」が自分は好きか嫌いかをモノサシで印をつけ、振り返ります。

　次に、裏「となりの（　　　）さんは、自分の顔や姿の写真をとられること」、「となりの（　　　）さんは、自分の顔や姿がネットにのせられること」を「予想」します。

【ステップ2】

　裏面（予想）を予想した相手に見せます。そして、1つ目の予想が当たった人、2つ目の予想が当たった人、両方の予想が当たった人、互いに2つの予想が当たった人がいるかどうかを確かめると、「互いに2つの予想が当たった人」は0になることがほとんどです。つまり、このゲームは、「当てること」が目的ではなく、「当たらないこと」が目的だということがわかります。すなわち、写真を撮影し、公表されることについて、他者がどう感じていて、どう考えているかは予想がつかないことであり、聞いてみないとわからないことでもあること、多様な考え方があり、互いにその考えを尊重しなければならない、ということに気づきます。

【ステップ3】

　では、児童生徒や教員の写真を撮影して学校ホームページに掲載する場合、どのような手続きや配慮が必要になるかについて、ロールプレイを行います。許可を取る（同意を得る）だけではなく、何のために写真を撮り、何のために学校ホームページに掲載するのか、いつまで掲載し、いつ削除するのか？といった「説明」をしなければいけないことに気づきます。

<u>⑤テーマ別の話し合い（関係性の倫理の学び）</u>

　最後に、以下のようなデジタル・シティズンシップ的な思考を促す課題（例）について話し合いをします。

【話し合いの課題例1】クラスメイトのAさんから
「自宅で、ついLINEをやりすぎて、家の人とけんかになることもあって、悩んでいる」
と相談を受けました。AさんのLINE仲間として、あなたは、Aさんに、どういうアドバイスをしますか？

【話し合いの課題例2】クラスメイトのAさんから
「自宅で、ついYouTubeとTikTokを見すぎてしまって、勉強もやる気にならないし、家の人にも怒られて悩んでいる」
と相談を受けました。Aさんの友人として、どういうアドバイスをしますか？

【話し合いの課題例3】友だちLINEグループで、Aさんひとりが、Bさんを中心とした何人かのグループメンバーから、きついことを言われ、いじめのようなメッセージが飛び交っているところに、あなたが遭遇（そうぐう）したら、あなたはどうしますか？　あなたが「できそうなこと」、「やれそうなこと」は何ですか？そして、あなたがとるとよい思う行動は、どのような行動ですか？

【話し合いの課題例4】あなたの悪ふざけ写真が勝手にネット（ツイッター等）に出回っていて、あなたの個人情報やあなたに対する悪口が書かれていることがわかりました。それを知って、あなたはこの後、どのような対応をすればよいでしょうか。また、あなた自身ではなく、友人が同じようなトラブルに巻き込まれた場合、その友人に対して、あなたが何かできることはあるでしょうか？

　デジタル・シティズンシップ的な思考を促す課題とは、以下のようなものです。

●他者へのケア（配慮）を考える。

●「やってはいけないことを教える（ブラックリストを伝える）」のではなく、「〜をするにはどうすればよいか」、「〜をしたほうがよい」を教師も児童生徒もともに考える。

●「やってはいけないこと」は「なぜやってはいけないのか」を、大人も児童生徒もともに検討し、「共感」や「共通認識」を増やす。

●行為の帰結の恐ろしさを伝えて注意する「安全教室」ではなく、トラブル時に自分は何ができるか、どう行動するかをあらかじめ検討する「防災訓練」要素を取り入れる。「やってはいけないこと」を、やってしまったり（加害）、やられてしまったり（被害）した場合、当事者は「何ができるか」、「何をすればよいか」を検討する。

●「態度を身につける」だけで終わらない。大人も児童生徒も何らかのアウトプットをする。アウトプットの形の一つとしてルール作りがあってもよいが、いきなりルール作りには走らない。ルール作りよりも、むしろ、マニュアル作り（防災マニュアル）を推奨する。

　いかがでしょうか。なかなか校内研修の時間やデジタル・シティズンシップの授業時間が確保できないとは思いますが、例えば、学期終わりに一度くらいGIGAスクール構想の振り返りを職員室でやってみたり、「5分でできる」デジタル・シティズンシップ授業実践を担任クラスの朝の会などで少しずつ始めてみたりしてはいかがでしょうか。

4 個別最適化とデジタル・シティズンシップ

野本　竜哉

　昨今、「デジタル・シティズンシップ」という言葉は研究会メンバーの当初の想定を超えるスピードで急速に広がっていることを感じます（私自身が理事という形で研究会に関わっているひいき目も多分にあるとは思いつつ…）。その中でも特に手応えを感じているのが、当会の関係者が書籍やSTEAMライブラリーなどを通して公表している教材を使って「授業」を自分なりに実践された先生方が、子どもたちの反応を通してデジタル・シティズンシップ教育の意義を実感しつつあることです。

（1）「デジタル・シティズンシップは放任主義である」という誤解

　デジタル・シティズンシップ教育の授業を初めて見た方は、

・指導者が話す時間が非常に短い（児童生徒の発言を促す機会が多い）。

・ワークシートへの取り組みや学習者どうしでの話し合いの時間が多い。

・児童生徒の一見教育的ではないような発言が（指導されず）そのまま受け入れられる。

といった状況があることに戸惑うケースが少なからずあるかもしれません。特に最後の部分は、一例として「オンラインゲームを通してチャットなどで交流している」「オンラインで知り合った人に悩みごとを相談している」といった、一般的な授業の中では教室内で共有してもよいのだろうかと思うような意見が学習者からの発表を通して出てくるケースがあるのですが、それが「なるほどそういうこともあるよね」の一言で受容され、そのまま授業が進行するところに「えっ、これでいいの？」と感じる方もいらっしゃるでしょう。こうした展開が一部にある「デジタル・シティズンシップは放任主義で、必要な制限・制約を教えない」という誤解につながっている部分もあるかもしれません。

　ただ、このような展開方法を取ることにはきちんとした理由があります。それは児童生徒の情報端末の活用度合いが、家庭の指導方針、地域で行われているメディアに関する啓発活動、そして各学校におけるGIGAスクール構想の浸透度合いなど、非常に多くの変動要素により左右されているからです。（参考：GIGAスクール構想により導入された学習用端末の活用状況に関する文部科学省調査：https://www.mext.go.jp/content/20221125-mxt_jogai02-000003278_001.pdf　3ページ以降）

（2）ICT活用の「個別最適指導」には状況理解が不可欠

　「情報活用能力」については、体感的には教科教育以上に「個別最適な学び」が必要と感じる先生も多いのではないでしょうか。そして、それにどのように対応すればよいかがわからず、悩ま

れている先生が多いと思います。情報活用能力の前段である一人ひとりの情報端末との向き合い方ですら、同じ学年・クラス内の状況が全く異なっているからです。

　実はここにデジタル・シティズンシップ教育を推進する意義があります。最適な指導をするには、**まずは一人ひとりの実態を正確に把握する必要性があるからです。**デジタル・シティズンシップ教育は「全ての学習者は異なる考え・状況を持っている」という前提で、一人ひとりの意見や考えを徹底的に引き出すという考え方が根底にあります。ですので、全ての児童生徒の発言は基本的に否定されず、「そうなんだ」「そういう考え方もあるね」という形で受容されます。児童生徒側も「あ、（この授業では）これ言っても大丈夫なんだ」という"受容された"という体験が重なることで、ふだんはなかなか出てこない本音や実際に直面している状況を徐々に語り出してくれます。これが最も重要なことなのです。

　これまでは、情報端末の活用によって「このような使い方はしてはいけません」「こういうことをするとトラブルに巻き込まれます」といった"危険性を強調する安全教育"の色合いが強い学校も少なくなかったのですが、このような指導だけでは（教科教育と同様に）どうしても個々に異なる状況に寄り添うことが難しくなってしまいます。情報端末の活用は、日常化するほど、学校外やプライベートな活用が増えます。GIGAスクール端末も、持ち帰り学習を行うことで学校が活用状況を把握できない場面も増えることになります。加えて児童生徒は個人のスマートフォンやタブレットなどを当たり前のように使っていて、その状況を学校や指導者はほとんど知りません。かといって、その活用方法は児童生徒からすると日常生活や学習活動を充実させる「よいこと」と認識している可能性も高いので、まずは児童生徒の状況を把握するために一人一人の実態を正確に把握する必要があるのです。

（3）それができるのは先生しかいない

　大切なことは、その状況を把握して適切な指導ができるのは、日々、目の前の児童生徒と向き合い、長期的に指導をしていく先生たちだからこそできるという点です。当然それは、1回のデジタル・シティズンシップの授業で完結するものでは決してありません。しかし、その1回の授業で、目の前の児童生徒たちの意外な一面や、端末に対する考え方の一端を知ることで、その後の指導のあり方は大きく変わります。ですので、まずは公表されている教材で、1回授業をやってみてください。おそらくそれは児童生徒にとってはもちろん、先生にとっても「行動変容」のきっかけになると思います。もしある程度、児童生徒に対して制約や制限といった指導が必要だとしても、一人ひとりの実態を把握した上での「個別最適」な指導であれば、より深く強く、児童生徒に響くはずです。本書を手に取った先生方が、一人でも多く何らかの実践にチャレンジし、情報活用能力の「個別最適な指導」の第一歩を踏み出されることを願っています。

5 デジタル・シティズンシップで育成する善きデジタル市民となる資質

今度 珠美　　林 一真

　本書には、デジタル・シティズンシップの実践13事例の指導案、ワークシートが掲載されています。また、本書のウェブサイトには、実践事例のワークシートや資料（スライドデータ、保護者宛文書等）を用意しました。24ページ、および各実践例にQRコードがあります。必要に応じダウンロードしてご活用ください。

　本書掲載の小学校から中学校、高校、特別支援学校までの実践事例は、日本各地で先進的にデジタル・シティズンシップの実践を行っている先生方が執筆しました。執筆にあたり、勤務校や研修等で授業を行い、その教育効果を検証しています。本書が、日本におけるデジタル・シティズンシップの授業実践の普及、展開に寄与できましたら幸いです。

（1）実践13事例の領域とタイトル

　デジタル・シティズンシップは、欧米や韓国など国際社会で広く学ばれている学問領域です。その定義は、国際教育工学会（2016）[※1]では「生徒は相互につながったデジタル世界における生活、学習、仕事の権利と責任、機会を理解し、安全で合法的倫理的な方法で行動し模範となる」とされています。欧州評議会（2022）[※2]では「デジタル技術の利用を通じて、社会に積極的に関与し参加する能力」と定義されています。

　本書掲載の教材は、コモンセンス財団[※3]の提唱するデジタル・シティズンシップの構成要素、資質をもとに作成しました。コモンセンスエデュケーションのデジタル・シティズンシップには「メディアバランスとウェルビーイング」「プライバシー・セキュリティ」「デジタル足あととアイデンティティ」「対人関係とコミュニケーション」「ネットいじめ・オンライントラブル」「ニュース・メディアリテラシー」の6領域があります。この領域に添い、本書では13事例（表1）を提案しています。

（2）デジタル・シティズンシップで育成する資質

　コモンセンスエデュケーションでは、善きデジタル市民[※4]を「学び・創造・社会参加するために責任[※5]を持ってテクノロジーを使う人」と定義し、善きデジタル市民となるために、デジタル・シティズンシップで育成すべき5つの資質を表2のように示しています。実践事例では、これらの資質を育成することを目標とし、「公共における作法」「多様性の理解」「立ち止まり、考え、行動するための方法」「創造者としての責任」「社会的課題への対処」を扱う構成としました。また、「他者への尊重」「共感」「民主主義」や「人権の尊重」などの市民活動能力の育成も目指しています。

　デジタル・シティズンシップの授業の最後には、「オンラインで行動するときの3つのステッ

【表1】本書で提案した実践13事例の領域とタイトル

実践事例	掲載ページ	対象学年	領域	タイトル	主執筆者
1	26〜31	小学校低学年	メディアバランスとウェルビーイング	メディアバランスってなんだろう？！	勝見　慶子
2	32〜35	小学校低学年・中学年	ニュース・メディアリテラシー	メディアの見方を考えよう	斉藤　　剛
3	36〜41	小学校中学年	ニュース・メディアリテラシー	情報の確かさを見極めよう	有山裕美子
4	42〜47	小学校中学年	ニュース・メディアリテラシー、デジタル足あととアイデンティティ	著作物は誰のもの？	林　　一真
5	48〜53	小学校高学年	デジタル足あととアイデンティティ	わたしたちのデジタル足あと	浅村　芳枝
6	54〜59	小学校高学年、中学生	ネットいじめ・オンライントラブル、対人関係とコミュニケーション	ネットいじめに立ち向かう	秋山　貴俊
7	60〜65	小学校高学年、中学生、高校生	メディアバランスとウェルビーイング	みんなにとって気持ちのよい使い方って？	今田　英樹
8	66〜71	中学生	デジタル足あととアイデンティティ、対人関係とコミュニケーション	ソーシャルメディアとデジタル足あと	大崎　　貢
9	72〜77	中学生	プライバシー・セキュリティ	45億人の目と足あと	山﨑　恭平
10	78〜84	中学生、高校生	ニュース・メディアリテラシー	刑を終えて出所した人の人権とメディアリテラシー	今度　珠美
11	92〜97	知的障害特別支援学校中学部	メディアバランスとウェルビーイング	iPadを味方にしよう〜親子ICT教室の取り組み〜	後藤　匡敬
12	98〜103	知的障害特別支援学校中学部	ニュース・メディアリテラシー、デジタル足あととアイデンティティ	著作権・肖像権から、自分の行動を考えよう	樋井　一宏
13	104〜109	知的障害特別支援学校中学部	プライバシー・セキュリティ	何を話していいのかな	山崎　智仁

【表2】デジタル・シティズンシップで育成する資質（善きデジタル市民となるための育成する5つの資質）

落ち着いて内省する	・オンライン上で立ち止まり、自分の行動を省みることができる。 ・自分の持つ思い込みを考えることができる。 ・自分が当たり前に繰り返している習慣を振り返ることができる。 ・不安、悲しいという自分の気持ちを確かめることができる。
見通しを探求する	・他の人の気持ちに気を配り、自身のモラル、市民としての責任（責任のリング）を考えることができる。
事実と根拠を探す	・複数の信頼できる情報源から情報を探して評価できる。 ・情報の出どころや内容をよく確かめ、正しい情報かどうかを確かめることができる。
可能な行動方針を想定する	・自分や他の人への責任や影響を考えて、とるべき行動を考えることができる。 ・自分の選択に自分の価値観や思い込みが、どのように反映されているか検討できる。
行動を起こす	・オンライン上で前向きで生産的だと考える行動を決定することができる。 ・健康や幸福をサポートするためのデジタル生活を見直すことができる。 ・必要なときは助けを求めることができる。 ・他者の味方、支持者になることができる。

プ」を確認する場面が出てきます。デジタル・シティズンシップの授業は、オンラインで「立ち止まる」ための方法を学びます。オンライン上で私たちはスピーディーに行動してしまいがちです。どのような行動を取るときも（困ったときも）一旦立ち止まり、考え、わからないときは相談することが大切です。立ち止まる方法を学んだら、3つのステップを授業の最後に繰り返し伝えてください。

（3）全国各地で進められているデジタル・シティズンシップ教育

デジタル・シティズンシップ教育は、全国各地の自治体、学校で導入が進められています。

大阪府吹田市[6]では、デジタル・シティズンシップ年間指導計画を策定し、全市の小学校1年生から中学校3年生まで年4回（6、7、9、11月）、6領域から4つのテーマを設定し、実施しています。また、「デジタル・シティズンシップ教育9年間の学びの積み上げ」を策定し、小・中学校の9年間を通して6領域を学び、善きデジタル市民となるための資質を系統的に育成することを目指しています。

また、札幌市立中央小学校[7]では、「ICTの『より善き使い手』となる子の育成に向けたモデルカリキュラムの開発／モデルカリキュラム開発に向けたデジタル・シティズンシップ教育の授業改善」を研究テーマとし、デジタル・シティズンシップの授業を年6回計画しています。全学年対象のモデルカリキュラムの開発と系統的な授業実施のための課題検証、保護者連携の工夫などの研究を継続的に行っています。（2022年度現在。研究主任・中里彰吾教諭）

【註】
※1 International Society for Technology Education（ISTE）
　　 https://globaleducationcoalition.unesco.org/Members/Details/255
※2 Digital Citizenship Education Handbook .Council of Europe
　　 https://rm.coe.int/168093586f
※3 Common Sense Education（2022更新）
　　 https://www.commonsense.org/education/
※4 善きデジタル市民とは「学び、創造、社会参加するために責任を持ってテクノロジーを使う人」「デジタル市民として、私たちはインターネットで学び、新しいものを創り出し、社会に参加することで、自分自身、周りの人々、そして世界に対して責任を持ちます」
※5 責任とは「自分や他の人に対してしなければいけないこと」
※6 吹田市教育センター
　　 https://www.city.suita.osaka.jp/kosodate/1018299/1018324/index.html
※7 札幌市立中央小学校
　　 https://www.chuo-e.sapporo-c.ed.jp/

資料提供ウェブサイト▶
https://www.nipponhyojun.co.jp/digitalcitizenship/

第**2**章

デジタル・シティズンシップ

小学校 中学校 高校

実践**10**事例

実践事例 1

小学校　中学校　高校　特別支援学校

メディアバランスってなんだろう？！

メディアバランスとウェルビーイング

【対象：小学校低学年】

勝見 慶子

1 単元（本時）の目標

　子どもにとって身の回りにあり、なじみのあるメディアの特性や特徴から、どんなことに気をつけなければならないのか、どうすれば上手に使うことができるのかを考えることができるようになる。メディアバランスを考え、メディアから離れる時間を作ったり、その時間の大切さがわかったりすることは、健康に過ごすための大切な行動であることを知る。

〈本教材で育成する善きデジタル市民となるための資質〉

落ち着いて内省する	・オンライン上で立ち止まり、自分の行動を省みることができる。 ・自分が当たり前に繰り返している習慣を振り返ることができる。 ・不安、悲しいという自分の気持ちを確かめることができる。
見通しを探求する	・他の人の気持ちに気を配り、自身のモラル、市民としての責任（責任のリング）を考えることができる。
可能な行動方針を想定する	・自分や他の人への責任や影響を考えて、とるべき行動を考えることができる。
行動を起こす	・オンライン上で前向きで生産的だと考える行動を決定することができる。 ・健康や幸福をサポートするためのデジタル生活を見直すことができる。 ・必要なときは助けを求めることができる。

2 指導計画（全1時間）

・メディアバランスってなんだろう？！…本時

3 使用する教材

・メディアのイラストまたは写真

・ワークシート

ワークシートや資料はこちらから

4 本時の展開 「メディアバランスってなんだろう？！」

時間	児童の活動	指導上の留意点
導入【7分】	1 (1) 身の回りにあるメディアにはどんなものがあるかを振り返る。	○子どもたちにメディアとは何かを伝える。 **メディアとは『私たちにいろいろなできごと、言葉、映像、音を伝えてくれるもの』** ・メディアにはどのようなものがあるかを問う。 →テレビ、ゲーム、パソコン、タブレット、スマホ、本、絵本、漫画、新聞、教科書など ・メディアについて、低学年でもわかるように写真やイラストなどを提示して説明する。 ○わたしたちの生活にメディアはなくてはならないものだということを実感させるために、身の回りにあるメディア、特に子どもたちが接する機会が多いと思われる「テレビ」「スマートフォン」「タブレット端末」等からどんな点が楽しいのか、便利なのかを問い、楽しんだり、自分の行動に役に立ったりしていることに気づくようにする。（例：「テレビの番組で家族と楽しむことができる。」「天気予報で傘をもっていくか決めている。」など）
	(2) メディア利用で困ったことを共有する。	○子どもたちに身近なメディアが持つ特性の課題に気づかせるために、メディア利用で困ったことがあるかを問う。 （例：つい時間を忘れて見入ってしまう。やらないといけないことができない。タブレットが動かなくなる。など）
	(3) 利用をお休みする時間を作ったほうがよいのはなぜかを考える。	○自転車を運転しながらスマホを触ることはよいかどうか聞く。触ってはいけないのはなぜかを考える。 （運転に集中できなくなる。気が散って事故に遭う。前を見なくなる。）
	発問 健康的に生活するために、どのようにメディアと関わっていくとよいだろう。	
		○困ったことを整理し、自転車の運転中にスマホを触る行為を取り上げながら、メディアから離れる時間が必要な理由に気づくようにする。

時間	児童の活動	指導上の留意点
展開 【30分】 8分	2 (1) メディアを上手に使うためには、メディアバランスを考えることが大切だと知り、どんなときにメディアの利用をお休みしたほうがよいのかを考える。	○はじめに、毎日欠かさず行っている健康に過ごすために必要な行動は何かを問う。(食事、入浴、家族との時間、勉強、運動、睡眠など) ○次に、メディアの利用も同じように、バランスを考えることが健康に過ごすため大切な行動であることを伝える。次のことを一例として、子どもたちが挙げたメディアに対し、どんなときに利用をお休みしたほうがよいのか、その理由とともに確認する。 【利用をお休みしたほうがよい場合（例）】 ・道路を歩いているとき、周りの状況がわからなくなり危険。 ・病院や図書館→音が出たり電波が出たりして迷惑をかける。 ・テレビを見たり家族と話したりしているとき→どちらも気になって大事なことが頭に入ってこない。 ・食事中・寝る前→ゲームや動画を見ていたら食べたり眠ったりできなくなる。 ・友だちと外で遊んでいるとき→画面ばかり見ていたら友だちが嫌な気持ちになる。外遊びに集中できない。
12分	(2) 3つの事例からよく使うメディア利用の場面を選び、どのようなときに使うのをお休みしたほうがよいのかを話し合う。 どうしたらお休みができるかを話し合う。 (個別または班ごとに発表する)	○1：『スマートフォン』でゲームをしたり、動画を見たりする場合、2：『ゲーム機』でゲームをする場合、3：『インターネットに接続したＴＶ』で動画を見る場合、の中から1つ選んで、どのようにお休みするかを話し合う。(低学年児童の利用端末は家庭の状況や保護者の考え方によって異なるため、3種に絞る。)」 ・どのような場面で使うのをお休みしたほうがよいのかを考える。 ・どうしたらお休みができるかを考える。
10分	(3) 友だちの意見を聞いて、メディアバランスのイメージをさらに膨らませる。	○「そんな約束を守れたら皆がうれしくなるね」「約束が守れたらどんなよいことがあるかな」「バランスをとるために大事だね」とポジティブに受け止めながら、まとめる。

時間	児童の活動	指導上の留意点
まとめ 【8分】	3　自分がよく使っているメディアの利用をお休みする場面を作るために、それぞれの場面でこれからどのように行動したいかをまとめる。	○子どもたちから出た意見を分類する。 ・どのようなとき、利用をお休みしたほうがよいのか。 ・どうやって使うのをお休みするか。 ○メディアバランスとは、メディア利用を制限することではなく、健康的な生活時間とバランスをとることだと確認し、これからどのように行動するかをまとめる。 ○最後にメディアをお休みする３つのおまじないを伝える。 ・ひと休みして（メディアの利用を止めて） ・息をすって（大きく息を吸う） ・おしまい（利用をお休みする） 〈参考：コモンセンス財団 ちょっとひとやすみ（日本語吹き替え版） https://youtu.be/7NIxxvWPp94〉

ワークシート（1年生）

どんな ときに おやすみする？

ねん　　くみ　　ばん　なまえ

> メディアバランスは、みんなが　じょうずに　メディアを　つかえる　ために ひつような　こと　だよ。
> どう　したら、みんなが　たのしく、つかえるように　なるかな？
> どんな　ときに　メディアを　つかうのを、おやすみしたら　いいかな？

（れい）

【教育者・保護者の皆様へ】
　デジタル・シティズンシップ教育は、メディアの利用を制限することを目的とした学びではありません。よき使い手となるよう、どのようにメディアを使ったらよいか自分で考えて行動できるようになることを目的としています。このワークシートを子どもと一緒に完成させ、部屋の壁やメディアの近くに貼るなどしてご活用ください。

ワークシート（2年生）

どんな ときに おやすみする？

年　　組　　番 名前

　メディアバランスは、みんなが　じょうずに　メディアを　つかえる　ために ひつような　こと　だよ。
　どう　したら、みんなが　たのしく、つかえるように　なるかな？
　どんな　ときに　メディアを　つかうのを、おやすみしたら　いいかな？

（れい）

【教育者・保護者の皆様へ】
　デジタル・シティズンシップ教育は、メディアの利用を制限することを目的とした学びではありません。よき使い手となるよう、どのようにメディアを使ったらよいか自分で考えて行動できるようになることを目的としています。このワークシートを子どもと一緒に完成させ、部屋の壁やメディアの近くに貼るなどしてご活用ください。

実践事例 2

メディアの見方を考えよう

ニュース・メディアリテラシー

【対象：小学校低学年・中学年】

斉藤　剛

1 単元（本時）の目標

　いくつかのCMの視聴を通して、発信されている情報は全てが本当ではないということを知り、なぜCMが本当ではない情報を発信しているのか考えることができるようにする。また、CMの製作者が何を意図して、表現しているかを落ち着いて考えた上で、メディアの情報を受け取ることができるようにする。

　※低学年のときは、マジックウィンドウ（現実のように見えるものを現実と思うこと）のように、本当のように見えるものを本当のことだと誤認してしまう傾向にあるため、「本当のこと」と「本当ではないこと」で表現している。

〈本教材で育成する善きデジタル市民となるための資質〉

落ち着いて内省する	・オンライン上で立ち止まり、自分の行動を省みることができる。
事実と根拠を探す	・情報の出どころや内容をよく確かめ、正しい情報かどうかを確かめることができる。
可能な行動方針を想定する	・自分の選択に自分の価値観や思い込みがどのように反映されているか検討できる。
行動を起こす	・必要なときは助けを求めることができる。

2 指導計画（全１時間）

・メディアの見方を考えよう…本時

3 使用する教材

・柔軟剤、ランドセル、アイスクリームなどのCMの動画を準備する。

・ワークシート

ワークシートや資料はこちらから

4 本時の展開 「メディアの見方を考えよう」

時間	児童の活動	指導上の留意点
導入 【5分】	1　ふだん、何から情報を手に入れているのかを振り返る。「メディア」という言葉を知る。	○ふだん、何から情報を手に入れているのかを聞く。インターネット、テレビ、本、新聞、人に聞くなど、子どもの考えを広げる。 ・情報をやりとりする手段や方法、道具（媒体、ツール）のことを「メディア」ということを伝える。
展開 【35分】 10分	2　「本当のこと」と「本当ではないこと」を見分けるという視点を持ってCMを視聴する。視聴しながら、**ワークシート**に気づいたことを書く。 【ワークシート】	○柔軟剤のCMを視聴する。視聴後、「本当のことと、本当ではないことが混ざっている。何が本当で、何が本当ではないのかを見つけてみよう。」と伝え、CMを視聴するときの視点を与える。 ・再度、柔軟剤のCMを視聴後、気づいたことを**ワークシート**に書かせる。全体交流後、ランドセル、アイスクリームのCMを視聴し、気づいたことを**ワークシート**に書かせる。
	（1）それぞれの動画を見て、視点をもとに気づいたことを交流する。	○それぞれの動画を視聴後、「何が本当のことか、本当ではないことか見つけられたかな？」と問い掛け、全体交流させる。CMには、本当のことと本当ではないことがたくさん混ざっていることに気づかせる。
	発問　なぜCMは、見ている人に本当ではない表現を使うのかな。	
10分	（2）CMの表現について考え、**ワークシート**に書く。CMは商品を売るために、その商品のよさを伝えようとしていることに気づく。 【ワークシート】	○「なぜCMは、本当ではない表現を使うのだろう。」と問いかけ、CMの表現について考えさせ、**ワークシート**に書かせる。 ・本当のことではない表現を使って、見ている人に何かを伝えようとしている。 ・商品を売るために、その商品のよさを伝えるための表現をしている。

時間	児童の活動	指導上の留意点
10分	(3) CMが何を売ろうとして、何を伝えようとしているのかを考える。気づいたことを**ワークシート**に書く。 【ワークシート】	○「柔軟剤のCMに出てきた空中に浮いている花は、何を伝えようとしているのかな？」と問い掛け、それぞれのCMが何を売ろうとして、伝えようとしているかを考えさせ、**ワークシート**に書かせる。 ・「柔軟剤」を売るために、花で「いい香り」を表現している。 ・「ランドセル」を売るために、ランドセルに生えた羽で「軽さ」を表現している。 ・「アイスクリーム」を売るために、人が空を飛んで、アイスクリームを食べた後の「人の気持ち」を表現している。
まとめ 【5分】	3　メディアは、いろいろな情報を発信していて、見ている人に伝えようとしていることがあることに気づく。 ○これからメディアを見たときにどのような見方をしたいかを考える。	○「メディアは、わかりやすく伝えるために、本当ではないオーバーな伝え方をしていることがある。何を伝えようとしているのかを、落ち着いて考えることが大切だね。」と、本時をまとめる。 ○最後に、これから情報と向き合うときは、「何かする前にひと休みすること」「考えること」「わからなければ相談すること」を確認する。

メディアの みかたを かんがえて みよう

組　　番　名前 _____

◎CM（コマーシャル）の みかたを かんがえて みよう。

① （　　　　　　　　　）の CM

ほんとうの こと	
ほんとうでは ない こと	

② （　　　　　　　　　）の CM

ほんとうの こと	
ほんとうでは ない こと	

③ （　　　　　　　　　）の CM

ほんとうの こと	
ほんとうでは ない こと	

◎なぜ CMは、ほんとうでは ない ひょうげんを つかって つたえるのだろう。

◎なにを うる ために、どのような つたえかたを して いるか
　かんがえて みよう。

	なにを うろうと して いるか	どのような つたえかたを して いるか
（　　　　　　）の CM		
（　　　　　　）の CM		
（　　　　　　）の CM		

実践事例 3

小学校 | 中学校 | 高校 | 特別支援学校

情報の確かさを見極めよう

ニュース・メディアリテラシー

【対象：小学校中学年】

有山 裕美子

1 単元（本時）の目標

　メディアの種類とその向き合い方について知るとともに、情報の信頼性とその判断の方法について、自分なりに考えることができる。また、インターネット情報では、具体的なニュースに触れ、情報の出どころや内容をよく確かめ、正しい情報かどうかを確かめることができることや、複数の信頼できる情報源から情報を探して評価できることを目標とする。

〈本教材で育成する善きデジタル市民となるための資質〉

落ち着いて内省する	・オンライン上で立ち止まり自分の行動を省みることができる。 ・自分の持つ思い込みを考えることができる。
見通しを探求する	・他の人の気持ちに気を配り、自身のモラル、市民としての責任（責任のリング）を考えることができる。
事実と根拠を探す	・複数の信頼できる情報源から情報を探して評価できる。 ・情報の出どころや内容をよく確かめ、正しい情報かどうかを確かめることができる。
可能な行動方針を想定する	・自分や他の人への責任や影響を考えて、とるべき行動を考えることができる。 ・自分の選択に自分の価値観や思い込みがどのように反映されているか検討できる。
行動を起こす	・オンライン上で前向きで生産的だと考える行動を決定することができる。 ・必要なときは助けを求めることができる。

2 指導計画（全1時間）

・情報の確かさを見極めよう…本時

3 使用する教材

・虚構新聞 https://kyoko-np.net/
・「オンラインニュースを読み解く『横読み』とは何か」（坂本旬）
https://note.com/junsakamoto/n/n3973fa29caf6
・（参考）スマートニュースメディア研究所シミュレーションゲーム教材
https://smartnews-smri.com/literacy/literacy-468/
・（参考）ファクトチェックイニシアティブ　https://fij.info/
・ワークシート

ワークシートや
資料はこちらから

4 本時の展開 「情報の確かさを見極めよう」

時間	児童の活動	指導上の留意点
導入 【5分】	1 ふだん、どのようなメディアから情報を得ているかを振り返るとともに、メディアの種類について知る。	○事前にGoogleフォーム等でアンケートを行い、子どもの実態を把握しておく。具体的に例を挙げ、「○○についての情報をどこで入手しますか」のようにするとわかりやすい。 あなたは、新型コロナに関する情報をどこで入手しますか？（複数回答可） 19件の回答 テレビ　17(89.5%) ラジオ　1(5.3%) 新聞　3(15.8%) Twitter　10(52.6%) インターネットのニュース　14(73.7%) YouTube　7(36.8%) LINE　7(36.8%) 家族や友人から　11(57.9%) その他　2(10.5%) 〈2020年4月、工学院大学附属中学校の生徒に実施したアンケート〉 ○小学校中学年では、まだ積極的に自分でメディアから情報を得るという行為は難しいケースもある。多様なメディア（コミュニケーションの手段や道具：本、インターネット、CDなどの音声、雑誌、新聞、家族・友人等からの伝聞等）を提示しながら、その情報との出会い方を振り返るようにする。
展開 【35分】 5分	2 メディアの中から、本とインターネットを取り上げ、それぞれの特徴について考える。	○子どもにとって身近なメディアである本とインターネットを取り上げ、それぞれの特徴を簡単に挙げさせる。子どもたちから挙がったそれぞれの特徴を、板書しながら整理していく。それぞれの特徴を図にしたものがあるとよい。 【参考（教師用）】 **印刷物と電子情報資源の特性の比較** <table><tr><td></td><td>印刷物</td><td>電子情報資源</td></tr><tr><td>検索対象</td><td>（目次、索引）</td><td>○（情報資源によって異なる）</td></tr><tr><td>論理演算</td><td>（相当困難）</td><td>○（同上）</td></tr><tr><td>部分一致</td><td>（前方一致のみ）</td><td>○（同上）</td></tr><tr><td>加工性</td><td>（糊と鋏）</td><td>○（切り貼り、ダウンロード）</td></tr><tr><td>情報表現</td><td>（文字、画像）</td><td>○（マルチメディア）</td></tr><tr><td>参照機能</td><td>（相互参照）</td><td>○（リンク機能・検索機能）</td></tr><tr><td>一覧性</td><td>○（優れている）</td><td>（限定的）</td></tr><tr><td>予備知識</td><td>○（ほとんど不要）</td><td>（基礎基本的な知識が必要）</td></tr><tr><td>同時利用</td><td>（限定的）</td><td>○（有料の場合は契約による）</td></tr><tr><td>更新</td><td>（限定的）</td><td>○（提供元の方針によって異なる）</td></tr></table> 〈出典：『情報メディアの活用』放送大学教育振興会、2016年〉

時間	児童の活動	指導上の留意点
15分	(1) インターネットの情報の確かさを見極めるためにはどうすればよいか考える。【ワークシート①】	○本と比較することにより、インターネットの情報が便利な反面、発信者が特定できない場合や、削除・改変される可能性があることなど、その特性について気づくようにする。 ○3〜4人のグループになって、実際のインターネット情報を示し、その確かさを考える。情報の確かさを判断し、何を判断材料にしたかについて、**ワークシート**に記入する。

> **発問** インターネットの情報の確かさを確かめるためには、どうしたらよいのだろう。

時間	児童の活動	指導上の留意点
		○例として使うインターネット情報には、ネットニュース、虚構新聞、Twitterなど、実際に現在掲載されている情報を随時活用するようにする。子どもにとって身近で、興味を持つ内容や、表現方法により、子どもが疑問を持ちやすい内容を設定するとよい。スマートニュースメディア研究所のシュミレーションゲーム教材や、ファクトチェックイニシアティブなどのサイトも参考になる。 ○1人1台端末を活用し、それぞれ複数の情報を当たったり、情報のソースにアクセスできたりするようであれば、共有の際にそれらについても触れるようにする。
10分	(2) **ワークシート**をもとに発表し合う。	○それぞれの情報について、その確かさを判断するために使った根拠について共有する。 ○子どもの中から出てきた判断基準に沿って、各情報を再度チェックするとともに、その判断基準が妥当かどうか話し合う。その際、どのような方法を取ったのか、その理由も含めて共有する。 ○予想される判断基準 ・誰が書いた記事か。（新聞社だから信用できる） ・実際にありえなさそう。 ・古い記事だから信用できない。　　など

時間	児童の活動	指導上の留意点
5分	（3）ニセ・誤情報にはどのようなものがあるかについて考える。	○情報の中から、信頼できないと判断したものを取り上げるとともに、ニセ・誤情報には、単純に間違っているものや、人を楽しませるためのもの、悪意があるものなど、いろいろな種類があることを知る。
まとめ【5分】	3　インターネット情報の確かさを見極めるための基準を考える。【ワークシート②】	○子どもから出てきた判断をまとめたものを参考にしながら、見極めるための基準を考えていく。わかりやすいツールとして、アメリカ図書館協会の横読みモデル（だいじかなチェック）などを活用する。

「だいじかな」チェック ・・・・・・・・・・・・・・・・・・・・・・・・・・・

だ　だれ？　　　この情報は誰が発信したのか？
い　いつ？　　　いつ発信されたのか？
じ　事実？　　　情報は事実か？参照はあるか？
か　関係？　　　自分とどのように関係するか？
な　なぜ？　　　情報発信の目的は何か？

「さぎしかな」チェック ・・・・・・・・・・・・・・・・・・・・・・・・・・・

さ　さくしゃ？　　メッセージの作者は誰か？
ぎ　ぎほう？　　　どんな表現技法が使われているのか？
し　しちょうしゃ？　他の視聴者はどんな解釈をしているか？
か　かちかん？　　どのような価値観が表現／排除されているか？
な　なぜ？　　　なぜこのメッセージは送られたのか？

〈出典「オンラインニュースを読み解く『横読み』とは何か」(坂本旬)〉

○インターネット情報の確かさを見極めるための手段を確認するとともに、継続してチェックできる方法を考える。

○また、情報の受け取り方は、人それぞれであることを知るとともに、正しい情報であっても誰かを傷つけることはないか、あるいは、仮に正しい情報であっても、安易に投稿、拡散してもよいわけではないことに気づかせる。

○インターネット情報の信頼性をチェックする方法を学ぶことを通して、情報の受け手としてだけではなく、送り手として責任を持って発信することができるようにつなげていく。

○行動するときの3つのステップ、「立ち止まる」→「考える」→「相談する」といったプロセスについてもおさえる。

情報チェックワークシート

年　　　組　　　番　名前　　　　　　　　　　　　　

1 テーマをおさえよう

・インターネットの情報の確かさを、チェックしてみよう。

2 情報の確かさを判断し、そう判断した理由も書いてみよう。

	確かさ	理由
①		
②		
③		
④		
⑤		

3 確かさを判断した理由をまとめてみよう。

・

・

・

・

ワークシート② だいじかなチェックシート

年　　組　　番　名前

1 チェックする情報

ページタイトル	
内容	
見た日にち	

2 だいじかな　チェック

	チェック内容	チェックした結果
だ	だれ？	
い	いつ？	
じ	事実？	
か	関係？	
な	なぜ？	

3 確かさを判断した結果を書こう。

実践事例 4

著作物は誰のもの？

デジタル足あとと アイデンティティ ／ ニュース・メディアリテラシー

【対象：小学校中学年】

小学校　中学校　高校　特別支援学校

林 一真

1 単元（本時）の目標

　著作物は誰のものかを確認し、著作者の立場から、自身の著作物の扱われ方を考える活動を通して、どのように著作物と関わっていくとよいか、具体的な行動を考えることができるようにする。

〈本教材で育成する善きデジタル市民となるための資質〉

落ち着いて内省する	・オンライン上で立ち止まり、自分の行動を省みることができる。
見通しを探求する	・他の人の気持ちに気を配り、自身のモラル、市民としての責任（責任のリング）を考えることができる。
事実と根拠を探す	・複数の信頼できる情報源から情報を探して評価できる。
可能な行動方針を想定する	・自分や他の人への責任や影響を考えて、とるべき行動を考えることができる。
行動を起こす	・オンライン上で前向きで生産的だと考える行動を決定することができる。 ・必要なときは助けを求めることができる。

2 指導計画（全1時間）

・著作物は誰のもの？…本時

3 使用する教材

・公益社団法人著作権情報センター「みんなのための著作権教室」
学ぼう著作権　①著作権とはどんな権利？
http://kids.cric.or.jp/intro/01.html
・ワークシート

ワークシートや
資料はこちらから

4 本時の展開 「著作物は誰のもの？」

時間	児童の活動	指導上の留意点
導入 【10分】	1　身の回りにある著作物を確認し、本時の課題を確認する。	○身の回りに、自分とは違う人が作ったものがどこにあるかを考えることで、何気なく過ごしている中に、著作物がたくさんあることを確認できるようにする。テレビやネットなどのメディア情報も人が作った著作物であることをおさえる。 ・友だちの絵、工作、習字、折り紙でつくったもの ・教科書や本 ・テレビの番組、アニメ、映画 ・テレビやネットの情報（動画、画像や言葉など） ・タブレットの中にあるアプリ ○「著作物」の言葉をおさえる。 「著作物」…音楽や小説、絵、漫画、イラスト、俳句などの作品。頭の中で物語を考えただけでは著作物ではない。
		発問　世の中にあるたくさんの著作物は誰のものであるのか。また、それらにわたしたちは、どのように関わっていくとよいのだろうか。
展開 【28分】 7分	2　著作者の立場から、著作権への意識を高め、著作物の扱い方を考える。 (1)　著作物を作った人（著作者）は誰かを考え、著作権について知る。	○アニメを例に、「著作物」を作った著作者は誰なのかを考え、「著作権」の言葉を確認する。 ・漫画家、声優 ・歌や音楽をつくった人 ・アニメーション会社 ・スタッフロールに出ている人たち ・たくさんの作り手がいる。 「著作者」…著作物を作った人で、著作物をどのように扱ってほしいかという権利（著作権）を持っている人。 「著作権」…自分が創作した作品を、他人にどう使われたいか、本人が決められる権利。オリジナルの作品を作ると、（日本の法規では、）たとえ幼い子どもであっても、作った著作物には自然に著作権が発生する。

時間	児童の活動	指導上の留意点
15分	(2) 図工で制作した絵や工作を、他の人にどういう扱いをされたいかを考える。 【ワークシート】	○著作権を守ることについて、公益社団法人著作権情報センター「みんなのための著作権教室」のWEBサイトも参考にしつつ、全体でおさえる。 「著作権を守ること」…文化の発展のために、著作者の努力や苦労に対して敬意の気持ちを持ち、著作者が求める利用方法を確認して利用するなどの具体的な行動を考えること。

展示、鑑賞されるとき	・展示する場所を自分で決めたい。 ・展示中は、作品には触れないでほしい。 ・いちばん作品が映えると思っている角度で展示してほしい。 ・クラスの中だけで展示してほしい。 ・勝手にカメラで撮影するのは止めてほしい。
手本として、他の人が描くときに参考にされるとき	・事前に参考にすることを教えてほしい。 ・参考にした作品の名前と自分の名前を、作品の説明で載せてほしい。
他に人が自分の作品を紹介するとき	・事前に作品を紹介するということや紹介する内容を教えてほしい。 ・自分の作品と名前は正しく伝えてほしい。 ・作品のよいところを紹介してほしい。 ・インターネットで紹介するのは止めてほしい。

時間	児童の活動	指導上の留意点
6分	(3) グループで意見交換し、各自の作品に対する思いや願いを確認し、著作物の扱い方を知る。	○図工で制作した絵や工作を、他の人にどういう扱いをされたいのか、3つの場面をもとに考える。 ○自分では思いつかなかった意見で参考になったものは、赤で**ワークシート**に追記する。 ○著作権は、「作品をどのような思いや願いで作ったか」が大事であり、人それぞれ違うことを伝える。 ○「思いや願いは、本人に聞かなければわからない」ため、使用するにあたり、許諾を取らなければならないことをおさえる。 ○著作物を作った人が、どのように著作物を扱ってほしいか示す方法（クリエイティブ・コモンズ・ライセンス（CCライセンス））があることを伝える。

時間	児童の活動	指導上の留意点
まとめ 【7分】	3　学習のまとめをする。	〇「わたしたちは、世の中にあるたくさんの著作物と、どのように関わっていくとよいのだろうか」と問い掛け、今後、自身がどのように著作物と関わっていくか具体的な行動を考え、**ワークシート**にまとめる。 〇数名を指名し、本時の学びを確認する。 〇著作物を利用する上で、困ったときは、行動するときの3つのステップ、「立ち止まる」→「考える」→「相談する」をおさえておく。 〇家の人に味方になってもらえるように、本時で学んだことを家の人に伝え、必要に応じてコメントをもらってくるように促す。 〈学びを生かそう〉 　本学習を終えた児童に、以下のような発展的な課題を与え、前向きな著作権への意識をさらに高めることができるようにしたい。 ①クリエイティブ・コモンズ・ライセンスには、どのような種類があるかを調べてみよう。 ②自分の作品にクリエイティブ・コモンズ・ライセンスを付けるなら、どのようなライセンスにするかを考えてみよう。

※クリエイティブ・コモンズ・ライセンス（CCライセンス）の参照先
https://creativecommons.jp/licenses/

前向きな著作物の活用を促すために

　これまでの著作権を扱う授業では、「著作物を勝手に使ってはいけない」という著作物から遠ざけるような指導が多かった。デジタル・シティズンシップでは、著作物は、文化の発展のために、正しく権利処理をした上で、前向きに活用していくことが求められる。

　本授業では、著作権で保護されるさまざまな作品に対し、「著作者は誰なのか」「著作者は著作物をどのように扱われたいか」を考えることで、著作者や創作の苦労や素晴らしさを想像し、著作物への敬意を持たせるとともに、文化の発展のために、権利処理して著作物を扱う必要があることに気づき、著作者に許諾をとるなど、具体的な行動を考えることができるようにしている。

ワークシート

「著作物は誰のもの？」

年　　組　　番　名前 _____

1 図工で制作した絵や工作を、他の人にどういう扱いをされたいか
考えてみましょう。

展示、鑑賞される とき	
手本として、他の人 が描くときに参考に されるとき	
他の人が自分の作品 をしょうかいする とき	

2 わたしたちは、世の中にあるたくさんの著作物と、どのように関わっていくとよいのでしょうか。自分なりの考えを書いてみましょう。

3 家の人に相談相手（味方）になってもらえるように、この時間で学んだことを家の人に伝え、コメントをもらいましょう。

| 小学校 | 中学校 | 高校 | 特別支援学校 |

わたしたちのデジタル足あと

デジタル足あとと
アイデンティティ

【対象：小学校高学年】

浅村　芳枝

1 単元（本時）の目標

　デジタル足あとが残る行動にはどのようなものがあるかを考えたり、「ヨシエのデジタル足あと」についてどう対処すべきか話し合ったりすることを通して、インターネット上での行動のあり方を考えることができるようにする。また、自分や他者に対する責任について考えることを通して、インターネット上での行動には責任が生じることを理解できるようにする。

〈本教材で育成する善きデジタル市民となるための資質〉

落ち着いて内省する	・オンライン上で立ち止まり、自分の行動を省みることができる。
見通しを探求する	・他の人の気持ちに気を配り、自身のモラル、市民としての責任（責任のリング）を考えることができる。
事実と根拠を探す	・情報の出どころや内容をよく確かめ、正しい情報かどうかを確かめることができる。
可能な行動方針を想定する	・自分や他の人への責任や影響を考えて、とるべき行動を考えることができる。
行動を起こす	・オンライン上で前向きで生産的だと考える行動を決定することができる。 ・必要なときは助けを求めることができる。

2 指導計画（全1時間）

・わたしたちのデジタル足あと…本時

3 使用する教材

・ワークシート、作業シート

ワークシートや
資料はこちらから

4 本時の展開 「わたしたちのデジタル足あと」

時間	児童の活動	指導上の留意点
導入 【5分】	1　ふだんインターネットを使って、していることを出し合う。	○インターネットは学習に使えて便利なことや、楽しみのために使ったり、人とつながったりすることで生活を豊かにしてくれることを確認する。
展開 【35分】 3分	2-1　デジタル足あとについて知り、インターネット上での行動について考える。 (1) デジタル足あとについて知る。 【ワークシート】	○砂浜に残る足あとの写真を提示し、この足あとは残り続けるかどうかを問い掛ける。 ○砂浜の足あとは消えるとすると、残り続ける足あとにはどのようなものがあると思うかを問い掛ける。 ○デジタル足あととは、あなたたちが残したオンラインに残る全ての情報のことであり、あなたたち自身や他人によって、意図的に（意図的でなくても）投稿されたり記録されたりする情報のことであると説明する。デジタル足あとは残り続ける可能性があることも確認しておく。

> **発問**　わたしたちのデジタル足あとを責任を持って管理するには、どうしたらよいのだろうか。

時間	児童の活動	指導上の留意点
7分	(2) デジタル足あとを残すインターネット上の行動にはどのようなものがあるかを考える。 【ワークシート①】	○デジタル足あとが残るインターネット上の行動にはどのようなものがあるか、具体的に事例についてペアで話し合う。 ○わたしたちは意識せずにたくさんのデジタル足あとを残していること、想定していた人以外も足あとを見ているかもしれないことを伝え、このことに関してどのように感じるかを問い掛ける。
15分	(3) デジタル足あとを自分で責任を持って管理するためには、どのように行動すればよいかを考える。 【作業シート】	○責任とは自分や他の人に対してしなければいけないことであると説明する。 ○善きデジタル市民とは、学び、想像し社会参加するために責任を持ってテクノロジーを使う人であることを説明し、デジタル足あとを自分で責任を持って管理することは、善きデジタル市民であるために必要なことであると伝える。 ○作業シートを使い、デジタル足あとを自分で責任を持って管理できているかをグループで協力して考えるようにする。ヨシエの行動にアドバイスするとしたらどのように伝えるかを話し合い、まとめていくようにする。 ○メンバー間で意見が異なる項目があれば、それぞれの考えを、理由を含めてよく聞き合うようアドバイスする。 ○グループで話し合った内容を全体で共有し、なぜするべき行動が取れなかったのか、どのように行動すればよかったか、その行動を取ることが難しいと思うことはあるかをみんなで考える時間を取るようにする。
10分	2-2 オンラインで行動するときの責任について考える。 【ワークシート②】	○責任のリングの図を示し、どのような場面で責任のリングのそれぞれの輪に対して責任が生まれると思うか、問い掛ける。

時間	児童の活動	指導上の留意点
		○「責任のリング」の図を児童に見せながら、1人の行動は、以下の3つの輪の人に影響を与えることを確認する。 ・わたしの輪は自分の安全や健康を守るなど、自分自身に対する責任を示している。 ・まわりの人々の輪は、あなたが知っている人や日常的にやり取りをする人など、あなたの周囲の人に対する責任を示している。 ・広い世界の輪は、あなたは知らないけれど、あなたの行動が影響を与える可能性のある広い世界に対するあなたの責任を示している。 ■公 (見知らぬ人々・世界) ■共 (まわりの人々) ■私 (わたし)
	インターネットで行動するときの3つのステップをおさえる。	○「自分の発信する情報に責任を持つこと」「自分の発信する情報で人を傷つけないこと」を確かめる。 ○インターネットで行動するときの3つのステップを伝える。 「立ち止まる」 「どうすればいいか考える」 「大人に相談する」
まとめ 【5分】	3　本時のまとめをする。 【ワークシート3】	○自分のこれまでのインターネット上での行動を振り返るとともに、今後、デジタル足あとを責任を持って管理していく上で、どのようにネットを利用し、行動していくのかを考えるように投げ掛ける。 ○ワークシートを持ち帰り、家の人に感想を書いてもらうようにする。

〈参考：コモンセンス財団　https://www.commonsense.org/education〉

5　わたしたちのデジタル足あと【デジタル足あととアイデンティティ】　51

ワーク シート わたしたちのデジタル足あと

年　　　組　　　番　名前

1 デジタル足あとが残るインターネット上の行動には、どのようなものが
ありますか。

2 オンラインで何かをするときの責任について考えましょう。

自分に対する責任	他の人に対する責任

3 これからどのようにインターネット上で行動していきたいですか。

4 家の人に感想を書いてもらいましょう。

〈作業シート〉

ヨシエは、デジタル足あとを自分で責任を持って管理できているか、考えましょう。

デジタル足あとが 残る活動	デジタル足あとを 管理できている？	ヨシエに何と 言ってあげる？
ヨシエのお母さんは、Instagram（インスタグラム）に家族の写真をのせています。	👍 👎	
ヨシエは、オンラインゲーム内で知り合った人とチャットで学校行事のことを話しています。	👍 👎	
ヨシエの友だちは、ヨシエやクラスの友だちととった写真をInstagram（インスタグラム）に投稿しています。	👍 👎	
ヨシエは、好きな芸能人のTwitter（ツイッター）の投稿に、名前をのせてコメントを入れたことがあります。	👍 👎	
ヨシエは、Tik Tok（ティックトック）に自分のダンス動画をよく投稿しています。	👍 👎	

実践事例 6 ネットいじめに立ち向かう

ネットいじめ・オンライントラブル　対人関係とコミュニケーション

【対象：小学校高学年、中学生】

秋山 貴俊

1 単元（本時）の目標

　「ネットいじめ」と「いじめ」の共通点や違いに着目し、「ネットいじめ」の特徴や恐ろしさを知り、加害者・被害者・傍観者それぞれに共感してみることで、「ネットいじめ」に立ち向かうための具体的な手段について考え、それらを行動に移せるような心情を育てる。

〈本教材で育成する善きデジタル市民となるための資質〉

落ち着いて内省する	・オンライン上で立ち止まり自分の行動を省みることができる。 ・自分の持つ思い込みを考えることができる。
事実と根拠を探す	・他の人の気持ちに気を配り、自身のモラル、市民としての責任（責任のリング）を考えることができる。
可能な行動方針を想定する	・自分や他の人への責任や影響を考えて、とるべき行動を考えることができる。
行動を起こす	・必要なときは助けを求めることができる。 ・他者の味方、支持者になることができる。

2 指導計画（全1時間）

・ネットいじめに立ち向かう…本時

3 使用する教材

・「ミライさんの物語」
・ワークシート

ワークシートや資料はこちらから

4 本時の展開 「ネットいじめに立ち向かう」

時間	児童・生徒の活動	指導上の留意点
導入 【5分】	1　ネットいじめの特徴やその恐ろしさに気づく。	○いじめの定義を示し、いじめは絶対に許されないことを確認する。 ○ネットいじめの定義を示し、その特徴について考えさせる。 （予想される児童の反応） ・知らない人からもいじめられる。 ・書かれたら一生消えない。 ・大人も子どもも関係ない。 ・発見しづらい。 ・24時間、いつでも起こる。
展開 【25分】 5分 10分	2　「ミライさんの物語」を読んでネットいじめについて一例を知る。加害者・被害者・傍観者それぞれに共感し、困ったときにどうすればよいかを考える。 (1)「ミライさんの物語」を読み、内容を確認する。 **【ワークシート】** (2) 登場人物（ミライさん、カコさん、トモミさん、チカさん）それぞれの気持ちを考え、**ワークシート**に記入する。	 ○クラスの実態に応じて、物語がよく伝わるように、物語を読む前に、人間関係や登場人物の特徴を説明する。 ○**ワークシート[2]**「ストーリーの人物を分けよう」で、登場人物の立場を明確にする。 ○他の人が経験している感情を自分のことのように想像することは、「共感」であることをおさえる。 ○ミライさんの気持ちについて「かなしい」と答える子どもについては、なぜ「かなしい」のか、その原因や理由についても考えさせる。 ○チカさんについては、意見が分かれることがある。正解はないので、共感することに価値があることを伝える。

時間	児童・生徒の活動	指導上の留意点
5分	(3) 自分がこのクラスにいたらどうするか、意見交換する。	○いじめの様子をただ見ているだけで、それらを止めるような事を何もしない人のことを「バイスタンダー」、反対に、いじめにあっている人を支え、いじめに立ち上がる人のことを「アップスタンダー」ということをおさえる。
5分	(4) 困ったときの3つのステップを確認する。	○ネットいじめでも、「立ち止まる」→「考える」→「相談する」のステップが有効であることをおさえる。
まとめ【15分】	3 ネットいじめを止めるために、自分ができることを考える。	
	発問 君は、いじめに立ち向かうアップスタンダー。今日からどんな行動をとりますか？	
10分	(1) 発問の答えを**ワークシート**に記入したのち、学級内で発表する。	○答えは、なるべく具体的に書くように指導する。 (予想される児童の反応) ・いじめられている人がいたら、話しかける。 ・先生にいじめを伝える。 ・ネットいじめだったら、スクリーンショットをとる。 ○アップスタンダーになることはとても勇気がいることだが、アップスタンダーがいることで、いじめられている人を助けたり、いじめを止めたりことができることを確認する。
5分	(2) 本時の振り返り	○**ワークシート**を持ち帰り、授業内容を家の人に説明をし、感想を書いてもらうように伝える。

5 資料 「ミライさんの物語」

1

　カコは、ミライのことが最近好きではありません。それは、ミライはトオルと家が近く、お母さんどうしも仲がよいので、休みの日もふたりで遊んでいることがあるからです。トオルは、学校でもよくミライから忘れ物を借りたり、いっしょに帰ろうと声をかけたりしています。

　ミライは、教室ではいつも楽しそうです。

　カコは、ミライのすがたを見るとイライラします。

2

　カコは、なかよしのトモミ・チカとネットゲームをしているときに、

「ミライ、マジむかつく！　メガネかけてるし。」

「ミライが学校にいると、空気が悪くなる。」

「ミライがいるから、遊びが楽しくないよね。」

とゲームチャットに書きました。

　トモミは、別にミライのことはきらいではないけれど、カコに合わせて

「カコの気持ち、めっちゃわかる！」

とゲームチャットに書きました。チカは、何も書きませんでした。

3

　チカは、次の日ミライに、

「昨日、カコとトモミがネットゲームのチャットに悪口を書いていたよ。カコが、もうクラスからいなくなってほしいって書いていたよ。」

と伝えました。ミライは、涙を流しながら教室を出ていきました。その様子を、あなたは近くで見ていました。そして、あなたもチカから、カコとトモミがゲームチャットに悪口を書いていたことを教えられました。

4

　次の日もミライは学校には来て、授業中はいつもと変わらない様子です。しかし、休み時間はひとりで図書館にいるようになりました。トオルも、最近はミライに声をかけなくなりました。

　チカの話では、カコとトモミはまだゲームチャットでミライの悪口を書いているそうです。この前、あなたがほかの友だちといっしょにチカの家に行ったときに、カコが書いた悪口をチカがたくさん見せてくれました。

ネットいじめに立ち向かう

ワーク
シート

年　　　組　　　番　名前　_____

1 ネットいじめとは？　その特ちょうは？

　　ネットいじめとは、デジタル機器やサイト、アプリを使って、相手をおどしたり傷(きず)つけたり悲しませたり困(こま)らせたりすること。

特ちょうは？

2 ストーリーの人物を分けよう。

いじめられている人	いじめている人	いじめを知っている人

3 ミライさんの気持ちを考えよう。

4 カコさん、トモミさん、チカさんの気持ちを考えよう。

5 あなたは、いじめに立ち向かうアップスタンダー【だれかを支えて立ち向かおうとする人（はげましたり、解決するために行動したり、大人に相談したりするなど）】として今日からどんな行動をとりますか？もし、いじめやネットいじめを見つけたら、あなたはどんな行動をとりますか？

6 今日、学習したことを家族に説明をして、感想を書いてもらおう。

小学校 | **中学校** | **高校** | 特別支援学校

みんなにとって気持ちのよい使い方って？

メディアバランスと
ウェルビーイング

【対象：小学校高学年、中学生、高校生】

今田 英樹

1 単元（本時）の目標

　個人用端末の使用によって得られる効果と実際に使用している中で浮かび上がってきた問題を自分たちで振り返る。その問題に対して、実現可能な解決策を考えていくことで、より良い、集団の中での端末の使用方法を、自分事として考えられるようになる。また、グループで考えることによって他者の気持ちに気づき、お互いが心地よい学校生活を送るための行動規範を身につけられるようにする。

〈本教材で育成する善きデジタル市民となるための資質〉

落ち着いて内省する	・自分の持つ思い込みを考えることができる。
	・自分が当たり前に繰り返している習慣を振り返ることができる。
見通しを探求する	・他の人の気持ちに気を配り、自身のモラル、市民としての責任（責任のリング）を考えることができる。
可能な行動方針を想定する	・自分や他の人への責任や影響を考えて、とるべき行動を考えることができる。
	・自分の選択に自分の価値観や思い込みがどのように反映されているか検討できる。
行動を起こす	・健康や幸福をサポートするためのデジタル生活を見直すことができる。
	・必要なときは助けを求めることができる。
	・他者の味方、支持者になることができる。

2 指導計画（全1時間）

・みんなにとって気持ちのよい使い方って？…本時

3 使用する教材

・ワークシート①〜④

ワークシートや
資料はこちらから

4 本時の展開 「みんなにとって気持ちのよい使い方って？」

時間	児童・生徒の活動	指導上の留意点
導入 【5分】	1　個人用端末を持ち始めてからのことを振り返る。 ・アンケートフォーム【ワークシート①】に回答し、提出する。	○個人で、日ごろの使い方について振り返ることで、本時で取り扱う内容を自分事化できるようにする。 ○結果は個人名がわからない形で共有することを伝え、どんなことを書いてもよいという雰囲気を作る。 【質問項目】 ・個人用端末を使い始めてからよかったこと、力がついたことは何ですか？ ・授業中や休憩時間など、校内で端末を使っている時に、問題だと思っていることは何ですか？（個人・集団双方の視点で）
展開 【35分】 5分	2-1　他の児童・生徒の回答結果【よかったこと】を見る。 ・すべての回答とワードクラウドでまとめられたものを見る。	○回答結果は基本的に全員のものを見せる。全員分を見せることで、発言を教師にコントロールされないことを実感させる。本時の中での発言は、どんなことでも許されるという安心安全な空間を作る。 ○ワードクラウドでまとめることで、教師側も、児童・生徒の端末活用に関する、生徒からのフィードバックを受けることができる。
8分	2-2　他の児童・生徒の回答結果【問題と思われること】を見る。 ・すべての回答を見る。 ・回答の中から、現段階で自分が最も問題だと思うことを選び、その理由を【ワークシート②】に記入する。	○「クラスの中で生活していく上で、最も問題だと思うことをみんなが回答したものの中から選んでください。また、それを選んだ理由は何ですか」と問いかけ、一人で考える時間をとる。 ○決して、教師自身が採り上げたいテーマに誘導するようなことはせず、あくまでも、児童・生徒自身が日々の生活の中で実際に問題だと思っていることをピックアップできるような声掛けをする。
	発問　クラスのみんなが気持ちよく生活するために、どのように端末を使用すればよいでしょうか？	
5分	3-1　グループごとに、それぞれが考えたことをシェアし、自分たちの中で最も問題だと思うものを挙げ、【ワークシート③】に記入する。	○グループは、3人で1グループとする。 ○以下の点に注意しながら対話できるようにする。 ・他者の意見を傾聴し、互いに率直な意見を言いあえる自由な対話の場にする。 ・「クラスのみんなが気持ちよく生活するため」という視点で考える。

時間	児童・生徒の活動	指導上の留意点
17分	3-2 自分たちの考えた問題点に対する解決策を考え、【ワークシート③】に記入する。 ・それがなぜ問題なのかを考える。 ・その問題を改善するための、実現可能な方策を考える。	・多数決で決めず、対話をした上で、グループ全員の共通解を出す。それぞれが最初に挙げたもの以外のものになってもよい。 ○対話を自分事化し、実際の行動につなげるため、問題点も解決策も、児童生徒の日常に即したものになるように声掛けをする。 ○浅い思考にとどまり、答えを簡単に出そうとしている場合、「本当にそれはできる？」「なんで今まではできなかったの？」「それをして困ることはない？」「嫌な気持ちになる人はいない？」などと問いかけ、正しいと思う使い方と日常の使い方や人間関係上起こりうる心の機微とのジレンマに気づかせ、より深い対話になるようにする。 ○教師自身が準備した答えに誘導しないように注意する。
まとめ【10分】	4-1 グループで考えたことを全体で共有する。 4-2 本時を振り返り、今後の行動を考え、【ワークシート④】に記入する。	○全グループが考えた問題点とその解決策を、全員が閲覧できる形で共有する。 ○いくつかのグループに、発表してもらう。 ○多様な意見があることに気づくような声掛けをする。また、同じ問題点であっても違う解決策があることに言及する。 ○本時の内容を振り返り、「クラスのみんなが気持ちよく生活するため」という視点で、今後の自分自身の行動を考えられるようにする。 ○本時の活動全体を振り返り、自分の考えをまとめるようにする。 ○今後の、行動の指針の一つとして、以下のようなアドバイスをする。 ・立ち止まる（行動する前に一旦立ち止まる） ・考える（今何をするべきか考える） ・相談する（困ったときは信頼できる人に相談する）

ワークシート①　　　　　※Google フォーム等のほうが望ましい。

| 1 | 端末(たんまつ)を使い始めてからよかったこと、力がついたことは何ですか？ |

| 2 | 校内で端末(たんまつ)を使用している上で、問題だと思っていることは何ですか？ |

(個人(こじん)・集団双方(しゅうだんそうほう)の視点(してん)で)

ワークシート②　　　　　　　　年　　　組　　　番　氏名

| 1 | みんなが挙げた【問題と思われること】の中から、クラスのみんなが気持ちよく生活するために、現在(げんざい)、自分自身が最も問題だと思うことを一つ挙げてください。 |

| 2 | 1のものを選んだ理由を書いてください。 |

1 グループで選んだ、最も問題だと思うことを書きましょう。

2 それはなぜ問題なのかをくわしく書きましょう。

3 その問題を解決するための、実現可能な方策を書きましょう。

ワークシート④　　　　年　　　組　　　番　氏名

1 クラスのみんなが気持ちよく生活できるよう、今日からあなたはどのように
端末（たんまつ）を使用しますか？

2 本時の活動を振（ふ）り返って、考えたことを書きましょう。

実践事例 8 ソーシャルメディアとデジタル足あと

デジタル足あとと　アイデンティティ　｜　対人関係と　コミュニケーション

【対象：中学生】

大崎 貢

1 単元（本時）の目標

・ソーシャルメディアが与える自分や他者のデジタル足あとへの影響を知ることで、それらを使用するわたしたちが持つべき責任について考える。

・自分や他者のデジタル足あとに配慮しながら、ソーシャルメディアを活用する方法を考え、それを社会に提案する。

〈本教材で育成する善きデジタル市民となるための資質〉

落ち着いて内省する	・自分が当たり前に繰り返している習慣を振り返ることができる。 ・不安、悲しいという自分の気持ちを確かめることができる。
見通しを探求する	・他の人の気持ちに気を配り、自身のモラル、市民としての責任（責任のリング）を考えることができる。
事実と根拠を探す	・複数の信頼できる情報源から情報を探して評価できる。 ・情報の出どころや内容をよく確かめ、正しい情報かどうかを確かめることができる。
可能な行動方針を想定する	・自分や他の人への責任や影響を考えて、とるべき行動を考えることができる。
行動を起こす	・健康や幸福をサポートするためのデジタル生活を見直すことができる。 ・他者の味方、支持者になることができる。

2 指導計画（全2時間）

・ソーシャルメディアが与える、デジタル足あとへの影響を考えよう（1時間）

・デジタル足あとに配慮してソーシャルメディアを活用する方法を提案しよう（1時間）

3 使用する教材

・ワークシート①②

ワークシートや資料はこちらから

4 本時の展開　「ソーシャルメディアが与える、デジタル足あとへの影響を考えよう」

時間	生徒の活動	指導上の留意点
導入 【5分】	1　ふだんのソーシャルメディアの利用状況を振り返る。 **【ワークシート①】**	○ソーシャルメディアに関して、どのような経験があるか、それはよい経験か悪い経験か、そして、その理由を問うことで、生徒の状況を全体で共有する。 ※ソーシャルメディアとは、インターネットを利用して誰でも手軽に情報を発信し、相互のやりとりができる双方向のメディアであり、代表的なものとして、ブログ、FacebookやTwitter等のSNS（ソーシャルネットワーキングサービス）、YouTubeやニコニコ動画等の動画共有サイト、LINE等のメッセージングアプリがある。〈出典：「平成27年版情報通信白書」（総務省）〉
展開 【35分】 10分	2-1　ソーシャルメディアを利用するメリットとデメリットを確認する。 「デジタル足あと」と「見えない観客」の用語について確認する。	○ソーシャルメディアを利用した経験を振り返り、うれしかったこと、嫌だと思ったことについて、具体的に例を挙げ、シンキングツール（ベン図）を使って、①うれしかったこと、②嫌だったこと、③どちらにも当てはまることの3つの視点で整理させる。 〈うれしかったことの例〉 ・宿題がわからないとき、すぐに聞くことができた。 ・趣味に関するたくさんの情報を得ることができた。 ・ソーシャルメディアがなかったら出会うことができなかった人と出会うことができた。 〈嫌だったことの例〉 ・履歴が残るせいで、自分がいつどのようなゲームをしていたのか他の人にわかってしまった。 ・顔が見えないので気持ちが伝わらず喧嘩になった。 ・私がいないところでみんなに悪口を言われていた。 〈どちらにも当てはまる例〉 ・よくも悪くも「匿名」で好きなことを投稿できる。 ・家にいながら、日本のどこにいる人とでも海外の人とも関わることができる。 ・「おすすめ」が表示されるので、自分の好きな内容を知ることができるが、自分の閲覧履歴等の情報が誰に見られているかわからない。 ※デジタル足あと：あなたが残したオンラインに残るすべての情報。その人自身や他人によって、意図的に（意図的でなくても）投稿されたり記録されたりした情報。 ※見えない観客：オンラインに投稿された自分の情報を見ることができる知らない人、または予想外の人々のこと。

時間	生徒の活動	指導上の留意点
	発問 ソーシャルメディアの利用は、デジタル足あとにどのような影響を与えますか？	
10分 15分	2-2 ソーシャルメディアを利用する際、自分のデジタル足あとへの責任を考える。 (1) 個人で考える。 (2) 自分に対してどんな責任を負っているのか、自分のデジタル足あとに責任を持つには何を意識し、どのように行動したらよいか、考えを交流する。	○「ソーシャルメディアに手がかりや足あとを残すことは、自分の将来や社会に影響を与えることはあるか」と問い掛け、「もしあるとすれば、それはどのような影響だろうか」と、①自分の未来への影響と、②社会への影響について、事例ごとに考えさせる。 ○「ソーシャルメディアを使うとき、あなたは自分に対してどのような責任を負っているか、自分のデジタル足あとに責任を持つには何を意識し、どのように行動したらよいか」と問い掛け、グループの中で考えを発表し、友だちの考えに対して意見交換させる。 ○責任を定義する。責任とは「自分や他の人に対してしなければいけないこと」。 ※ここでいう責任とは、ソーシャルメディア上でのふるまいが自分自身の生活や、家族・友人など周囲の人たち、そして世界中の人々に影響を与えることを知り、自分がしなければいけないことを考えること。オンラインで行動を起こす前に、「自分自身」「まわりの人々」「広い世界」という3つに対しての責任を考え、自分はどう行動すべきかを判断する必要がある。 ○グループは3人か4人で1グループとする。「責任のリング」を配付し、話し合いで活用させる。 ①まずは個人で考える。 ②「責任のリング」の図を生徒に見せながら、1人の行動は、「責任のリング」（51ページ参照）の3つの輪の人に影響を与えることを確認する。 ・わたしの輪は自分の安全や健康を守るなど、自分自身に対する責任を示している。 ・まわりの人々の輪は、あなたが知っている人や日常的にやり取りをする人など、あなたの周囲の人に対する責任を示している。 ・広い世界の輪は、あなたは知らないけれど、あなたの行動が影響を与える可能性のある広い世界に対するあなたの責任を示している。 ③「責任のリング」を持っている人が1分で自分の考えを発表し、他の人はコメントをする。 ④時計回りに1分ずつ発表して、コメントし合う。

時間	生徒の活動	指導上の留意点
まとめ 【10分】	3　他の生徒の意見を参考にして、自分が持つ責任を見つめ直す。	○他の生徒の意見を参考にして、「ソーシャルメディアを使うときの自分の責任」について考え、自分なりの意見（意識、行動、約束など）を書くように指示する。

本時の展開　「デジタル足あとに配慮してソーシャルメディアを活用する方法を提案しよう」

時間	生徒の活動	指導上の留意点
導入 【5分】	1　ソーシャルメディアを使うときの自分の責任を共有する。	○前時に、グループで交流して出た考えを全体で共有する。
展開 【35分】 15分	2-1　ソーシャルメディアを利用する際、多様な他者のデジタル足あとへの責任を考える。 【ワークシート②】	○「ソーシャルメディアを使うとき、多様なとらえ方や価値観を持つ他者が受け止めるデジタル足あとに責任を持つために、あなたはこれからどのように行動していきますか」と問い掛け、前時の「自分のデジタル足あとへの責任を考える」ときと同じように、「責任のリング」を回しながら、多様な他者のデジタル足あとへの責任について意見交換させる。
	発問　自分や他者のデジタル足あとに責任を持てるように、これから生活でどのようなことを意識しますか？	
20分	2-2　デジタル足あとに配慮しながら、ソーシャルメディアを活用する方法を考え、提案する。	○自分や他者のデジタル足あとに対して責任を持つことについて、これからの生活で意識する具体的な方法を考え、それを社会に発信するためのコンテンツを制作させる。コンテンツは、ポスター、アニメーション、ショートムービーなどから自由に選択してよい。
まとめ 【15分】	3　他の生徒が制作したコンテンツを閲覧し合い、自分が今後の生活で意識することをまとめる。	○生徒が制作したコンテンツはクラウドサービスを活用しながら、すぐに他の生徒が閲覧できるようにする。必要に応じて、学級や学年を越えて、コンテンツを閲覧し合い、感想などを交流し合うことも可能。 ○最後に、インターネットで行動するときの3つのステップを確認する。 ・立ち止まる（行動する前にいったん立ち止まる） ・考える（今何をするべきか考える） ・相談する（困ったときは信頼できる人に相談する）

1 ソーシャルメディアに関して、どのような経験がありますか？
それはよい経験ですか？悪い経験ですか？その理由も書きましょう。

※ソーシャルメディアとは、インターネットを利用して誰でも手軽に情報を発信し、相互のやりとりができる双方向のメディアであり、代表的なものとして、ブログ、TwitterやInstagram等のSNS、YouTubeやニコニコ動画等の動画共有サイト、LINE等のメッセージングアプリがあります。

2 ソーシャルメディアを利用してうれしかったこと、嫌(いや)だと思ったことについて、下のシンキングツールを使って、整理しましょう。

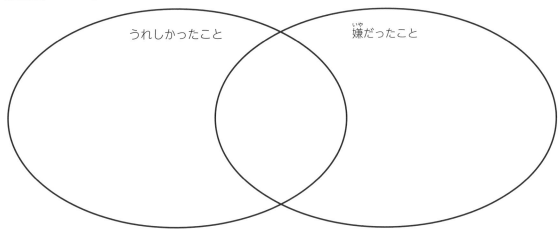

うれしかったこと　　　嫌(いや)だったこと

3 ソーシャルメディアに足あとを残すことは、自分の将来や社会に影響を与えることはあるでしょうか。それはどのような影響ですか。

①自分の未来への影響は…
②社会への影響は…

4 ソーシャルメディアを使うとき、自分のデジタル足あとに責任を持つには、何を意識し、どのように行動したらよいでしょうか。

ワークシート②　　　年　　組　　番　氏名

1 ソーシャルメディアを使うとき、さまざまなとらえ方や多様な価値観を持つ
他者が受け止める自分のデジタル足あとに責任を持つために、あなたはこれ
からどのように行動していきますか。

```



```

2 自分や他者に対するデジタル足あとに責任を持てるように、これからの生活
で意識する具体的な方法を考え、それを社会に発信するためのコンテンツを
制作しましょう。

〈メモ〉

3 2時間の活動を振り返って、これからどのように行動したいかを書きま
しょう。

```



```

実践事例 **9**

小学校　**中学校**　高校　特別支援学校

45億人の目と足あと

✓❤ プライバシー・
　セキュリティ

【対象：中学生】

山﨑　恭平

※「45億人」とは、「2022年ごろの世界のソーシャルメディア利用者数」を表しています。（参考文献『令和5年版情報通信白書』総務省）

1 単元（本時）の目標

　「個人情報」「個人情報ではない情報」の定義を確認し、それぞれにどのような情報が当てはまるかを確認する。その上で、Webアルバムにアップされた写真を使い、撮影場所など個人情報に関わる情報を探してみる活動から、誰もが情報を集められることと、それに対する具体的な対策を理解する。その一方で、なぜそういった情報を安易に共有したくなるのかを考え、実際にはどのような方針を持つのかを考える。

〈本教材で育成する善きデジタル市民となるための資質〉

落ち着いて内省する	・オンライン上で立ち止まり自分の行動を省みることができる。 ・自分が当たり前に繰り返している習慣を振り返ることができる。 ・不安、悲しいという自分の気持ちを確かめることができる。
見通しを探求する	・他の人の気持ちに気を配り、自身のモラル、市民としての責任（責任のリング）を考えることができる。
可能な行動方針を想定する	・自分や他の人への責任や影響を考えて、とるべき行動を考えることができる。 ・自分の選択に自分の価値観や思い込みがどのように反映されているかを検討できる。
行動を起こす	・オンライン上で前向きで生産的だと考える行動を決定することができる。 ・健康や幸福をサポートするためのデジタル生活を見直すことができる。 ・必要なときは助けを求めることができる。

2 指導計画（全1時間）

・45億人の目と足あと…本時

3 使用する教材

ワークシートや
資料はこちらから

・校区内で撮影した風景写真などをアップロードしたWebアルバム

・オンラインに投稿した画像からプライバシーが脅かされた事例

(例)BBC NEWS JAPAN「ストーカー、「瞳に映った景色」で女性の自宅を特定　日本」(2019年10月11日)

(例)産経新聞「ピースサインから指紋、瞳に最寄り駅　SNSから盗まれる個人情報」(2020年3月5日)

・ワークシート

4 本時の展開 「45億人の目と足あと」

時間	生徒の活動	指導上の留意点
導入 【5分】	1 デジタル足あとの定義について確認した上で、本時の学習について確認する。	○デジタル足あとの定義を、「アクセスしたサイトや投稿した内容など、オンラインで何をしているかを記録したもの」と説明することで、オンラインでの活動全体を意識するようにする。 ○今日の流れを伝える。 1）「個人情報」と「個人情報でない情報」について考える。 2）Webアルバムにアップされた写真から情報を集める。 3）プライバシーを守る具体的な対策を考える。 4）自分のこれからの行動の方針を考える。
展開 【35分】 5分	2 プライバシーがどのような権利かを確認した上で、「個人情報」と「個人情報ではない情報」に当てはまる情報を考える。 【ワークシート①】	○プライバシーとは、「自分だけの秘密のこと」であり、「侵害されない権利のこと」であることを伝える。 ○「個人情報」と「個人情報ではない情報」の定義を示す。 ・個人情報：あなたのことを特定できる情報のことを言います。例えば、名前や住所が当てはまります。 ・個人情報ではない情報：他の多くの人も当てはまるので、あなたのことを特定できない情報のことを言います。例えば、趣味やペットのことです。 ○2つの情報の違いに注目するために、それぞれに該当する例を考える。 ・個人情報：学校名、マイナンバー、メールアドレス ・個人情報ではない情報：好きな食べ物、読んだことのある本 ○「個人情報ではない情報」であっても、状況や複数の情報によっては、個人を特定することが可能になる場合があることを注意する。 ・例えば、生年月日は、それ単体では個人を特定することができないが、名前と組み合わせることで個人情報に該当することがある。 ・他にも、レシートの写真も定期的に同じ店舗で購入していることがわかれば、住居や学校、職場などの特定につながることがある。

時間	生徒の活動	指導上の留意点
15分	（1）Webアルバムにアップされた写真の撮影場所を特定する。	○グループは1グループ、4人程度とする。 ○SNSへの投稿を模したWebアルバムを示し、「1枚の写真から、どのような情報が得られますか？」と問い掛け、写真の撮影場所や撮影者に関する個人情報を集めるようにする。 ・Webアルバムには、写真と短いテキストでの投稿があるようにあらかじめ準備をしておく。 ・使用する写真には、例えば「コンビニのレシート」「通勤で使っている駅」「自宅の窓から見える風景」が写っている写真を使う。 ○場所を特定するのに活用できるツールとして、Googleマップのストリートビュー機能など、Webアプリケーションを紹介する。 ○活動に使えるツールは、生徒が知っているものが他にあれば使ってよい。 ○撮影者の個人情報に関して、どのような情報が得られたか共有する。
5分	（2）スマートフォンなどで、位置情報をコントロールする方法を知った上で、どのようなプライバシーを守る方法があるか考える。	○「3使用する教材」に掲載されているニュースの他、関連するニュースを1、2件程度紹介する。 ○スマートフォンの位置情報をコントロールする設定を、実際のスクリーンショットなどを見せながら紹介する。 ○他にはどんな具体策があるかを質問し、生徒から出たアイデアを板書する。
	発問 なぜ共有したくなるのだろう？その要因にはどんなことがあるか？	
5分	（3）リスクを頭でわかっていても、なぜ共有したくなるのかを考える。	○「共有のしすぎ（オーバーシェアリング）」について説明する。 ・共有のしすぎ：個人的な感情、情報、または経験を共有し、後で共有した本人が不快に感じたり後悔したりすること。 ○A4サイズのミニホワイトボードと、ホワイトボードマーカーを配付する。

時間	生徒の活動	指導上の留意点
		○リスクがあっても共有したくなる理由やその周辺にある要因について考えさせ、ミニホワイトボードに記入させる。 ・リスクとは、「危害の発生確率およびその危害の程度の組み合わせ」であり、発生確率×危害のひどさによって判断されるもの。安全な利用のためには、受け入れられないリスクの範囲に留めることが重要である。オンラインへの写真のアップロードにおいては、個人情報の有無はもちろん、どの程度のリスクがあるかを考えるようにする。 ・リスクは、誰に対しての責任や影響があるのかを考えることも重要である。自分自身か、周囲か、広い社会に対してなのかといった範囲にも注目する。(51ページ「責任のリング」参照) ○一斉に前に掲げ、お互いのホワイトボードを見合う。 ・例えば、「いいねがほしい」「友だちに伝えるのが楽しい」「今すぐ伝えて共感してほしい」「オンライン上の友人に自分を知ってもらいたい」「フォロワーが増えてほしい」「仲間外れにされるかもしれない」
まとめ 【5分】	3　今後の写真のアップロードに関して、どのような方針を持つか言葉にする。 (1)「インターネットで行動するときの3つのステップ」を確認する。 (2) 自分自身の行動の方針を具体的に言葉にして、ミニホワイトボードに記入する。記入後に近くの人と共有する。 (3) 振り返りシートを記入して提出する。 【ワークシート②】	○方針について考える前に、「インターネットで行動するときの3つのステップ」を確認する。 1　立ち止まる…行動する前に、一旦立ち止まろう。 2　考える…今、何をすべきか考えよう。 3　相談する…信頼できる人に相談しよう。 ○自分自身がどういう方針を持って行動するか考えて記入させる。以下の例を板書する。 ・時間制限や何も共有しない日を設ける。 ・投稿する代わりに、個人的な話は日記に書く。 ・感情的なときほど、3つのステップを意識する。 ○一斉に前に掲げ、お互いのホワイトボードを見合う。 ○授業者は、授業終了後に生徒がホワイトボードに書いた方針を記録し、Google Classroom等でシェアする。

ワークシート①

「個人情報」と「個人情報ではない情報」

年　　　組　　　番　氏名

1 「個人情報」と「個人情報ではない情報」にはどんな例があるでしょう。

個人情報（あなたのことを特定できる情報のこと）

個人情報ではない情報（他の多くの人も当てはまるので、あなたのことを
特定できない情報のこと）

2 プライバシーを守る具体的な方法をメモしましょう。

3 自分の方針について書き留めておきましょう。

デジタル・シティズンシップの時間
ふりかえり

年　　　組　　　番　氏名

1 今回の授業の感想

2 今後のオンラインの活動にどのように参加しますか。それは、自分や周囲
（コミュニティ、社会）に影響がありますか。

実践事例 10

刑を終えて出所した人の人権とメディアリテラシー

ニュース・
メディアリテラシー

【対象：中学生、高校生】

今度　珠美

1 単元（本時）の目標

・わたしたちがメディアのメッセージを解釈する際、わたしたちの価値観、思い込みをどのように反映しているかを考える。

・見る人の数だけメッセージの解釈がある。他の人が同じメッセージをどのように異なる解釈をするのかを知る。

・メディアの解釈やメッセージには価値観や思い込みが埋め込まれ、そこから差別や偏見が生まれることを知る。

・特定の視点が欠落している場合、それはメッセージにどのような影響を与えるのか考える。

〈本教材で育成する善きデジタル市民となるための資質〉

落ち着いて内省する	・自分の持つ思い込みを考えることができる。
見通しを探求する	・他の人の気持ちに気を配り、自身のモラル、市民としての責任（責任のリング）を考えることができる。
事実と根拠を探す	・複数の信頼できる情報源から情報を探して評価できる。 ・情報の出どころや内容をよく確かめ、正しい情報かどうかを確かめることができる。
可能な行動方針を想定する	・自分や他の人への責任や影響を考えて、とるべき行動を考えることができる。 ・自分の選択に自分の価値観や思い込みがどのように反映されているか検討できる。
行動を起こす	・必要なときは助けを求めることができる。 ・他者の味方、支持者になることができる。

2 指導計画（全1時間）

・刑を終えて出所した人の人権とメディアリテラシー…本時

（「保護観察官」「社会を明るくする運動」について調べ、まとめる作業は事後の活動として行う。）

ワークシートや
資料はこちらから

3 使用する教材

・スライドデータ　　・ワークシート

4 本時の展開 「刑を終えて出所した人の人権とメディアリテラシー」

時間	生徒の活動	指導上の留意点
導入 【5分】	1　ふだん、どのような場所から情報を得て、その情報をどのように扱っているかを振り返る。	○ネットメディアを定義し、ふだんどのようなネットメディア、アプリで情報を得ているか問う。 ネットメディアとは「インターネットを介したコミュニケーションの手段や媒体」 ・Twitter、Yahoo!ニュース、Instagram、LINEなど ○その情報の真偽や影響、誰かを傷つけることはないかと意識して見ているかを問い、状況を全体で共有する。
展開 【35分】 5分	2 (1)〈かずおさんの物語〉を読む。 **【ワークシート】**	○〈かずおさんの物語〉 かずおさんは友人のSNSのタイムラインで「○○町のアパートに最近出所した元受刑者が入居するらしいよ。どこのアパートかわかる人いる？」という投稿を見つけた。○○町はかずおさんの居住地だったので詳しく知りたいと思い、その投稿を自分のタイムラインにも載せた。その投稿はたちまち拡散（リツイート）された。その後、かずおさんは友人から、元受刑者だった人は町外へ転居するらしいと知らされた。あのアパートに居住していたのではないかと誤った情報が広がっていることも知った。かずおさんは驚いて自分の投稿を削除したが、拡散された情報はさらに広がっていた。
7分	(2) このメッセージの元投稿をした人はなぜそのような投稿をしたのか、理由を考える。	○元の投稿をした人がなぜあのような投稿をしたのか、動機を探る。
8分	(3) 自分が元の投稿を読んだらどのように解釈するか。それぞれがどのように異なる受け止め方をするか確認し、共有する。	○あなたは元の投稿を読んだらどのように解釈するか。班で話し合い、自分と他の人ではどのように異なる受け止め方をしているか確認することを伝える。
	発問 その受け止め方には自分のどのような思い込みが反映されていますか。	

時間	生徒の活動	指導上の留意点
8分	（4）その受け止め方には自分のどのような思い込みが反映されていたのかを考える。	○投稿の受け止めに自分のどのような思い込みが反映されていたかを考える。 ・刑を終えた人に対し、それぞれがどのようなイメージを持っていたか。 ・その受け止めの違いはなぜ起きるのか。（これまで見てきたもの、読んできたもの、経験などによって情報の受け止め方は変わる。）
7分	（5）かずおさんはなぜその投稿を拡散したのか、目的を探る。	○かずおさんが拡散した目的は何だったのかを考える。（背景に偏見があることに気づく。）
まとめ 【10分】		○教師から以下の内容を解説する。 ・刑を終えて出所した人やその家族に対する偏見や差別は根強く、就職や住むところの確保が難しくなり社会復帰が困難になる状況がある。地域社会の一員として社会に復帰し、平穏な生活を営むために、刑を終えた人とその家族の人権を守り、立ち直ろうとする人を地域社会で受け入れ、理解を深めていく必要がある。 ・メッセージには送り手の価値観や考え方が埋め込まれている。刑を終えた人に対しどのような思い込みがあり、その思い込みが情報の解釈にどのように影響したのかを意識することが大切である。 ○周りで見ている人（バイスタンダー）と行動する人（アップスタンダー）について解説する。 ・周りで見ている人（バイスタンダー）とは、いじめや意地悪な行為、差別的な行動を見かけても、それに関わらないようにする人、見て見ぬ振りをする人のこと。 ・行動する人（アップスタンダー）とは、誰かを支えて立ち向かおうとする人、誰かの味方になり行動しようとする人のこと。 ・自分の行いには、どのような視点や考えが欠けていたのかを考える。アップスタンダーになるためには何を知る必要があったのか、その知識を持って自分には何ができるかを考えること。

時間	生徒の活動	指導上の留意点
		○今回の事例では、刑を終え、社会復帰しようとする人のプライバシーを侵害したことに加え、「町外へ転居したらしい」「あのアパートではないか」という根拠のない情報を広めることに加担したことへの責任、公共へ発信する責任も考えるようにする。 ○アップスタンダーになるため、自分たちには何ができるかをまとめる。 ○インターネットという公共での行いは、誰に対しての責任、影響につながるか、立ち止まり、考えるため、3つのステップを確認する。 行動する前に「立ち止まる」→「考える」→「相談する」 〈学びを生かそう〉 ○事後の活動として「保護観察官」の仕事と「社会を明るくする運動」について調べる。 ・調べて初めて知ったことは何か。何が明らかになったか。インターネットや図書館司書の助言など、どのような方法で調べたか、引用元等も記録する。

刑を終えて出所した人の人権と メディアリテラシー

年　　　組　　　番　氏名

〈かずおさんの物語〉

　かずおさんは友人のSNSのタイムラインで、「〇〇町のアパートに最近出所した元受刑者が入居するらしいよ。どこのアパートかわかる人いる？」という投稿を見つけた。〇〇町はかずおさんの居住地だったので、詳しく知りたいと思い、その投稿を自分のタイムラインにも載せた。その投稿はたちまち拡散（リツイート）された。その後、かずおさんは友人から、元受刑者だった人は町外へ転居するらしいと知らされた。あのアパートに居住していたのではないかと誤った情報が広がっていることも知った。かずおさんは驚いて自分の投稿を削除したが、拡散された情報はさらに広がっていた。

1 かずおさんの友人は、なぜ、元受刑者に関する投稿をしたのだと思いますか。

2 あなたがかずおさんの友人の投稿を読んだら、どのように受け止めると思いますか。まず1人で考え、そのあと班で意見交流し、他の人はどのように受け止めているか共有しましょう。

自分の受け止め	他の人の受け止め

3 ②の受け止めには、自分のどのような思い込みが反映されていましたか。
なぜそのように思い込んだのか、理由も考えましょう。

自分の思い込み	他の人の思い込み
その理由	他の人の理由

4 アップスタンダーになるため、自分にはこれから何ができると思いますか。

〈学びを生かそう〉

「保護観察官」の仕事と「社会を明るくする運動」について調べてみましょう。

(調べて初めて知ったことは何か、何が明らかになったか、ネット、図書館など何を使って調べたか、引用元なども記録しましょう。)

保護観察官の仕事	社会を明るくする運動

第3章

特別支援教育
における
デジタル・
シティズンシップ

概論
実践3事例

1 知的障害児におけるデジタル・シティズンシップ教育の必要性と課題

水内 豊和

1 知的障害児に対する従来型情報モラル教育の限界

　障害児・者に対するICTを活用した能力の補助代替における支援は親和性が高く、VOCA（Voice Output Communication Aid）といわれるような支援専用のICT機器を用いて1970年台頃より実践されていました。しかし今日、特別支援学校に通う知的障害や発達障害のある生徒の多くがスマートフォン（スマホ）など情報端末を自分で所持し使用するようになると、障害の特性に起因するマナー理解の不足やだまされやすさ、それらに基づくトラブルについての報告や相談も多数寄せられるようになりました。

　こうした問題への解決として、特別支援学校でも、情報モラル教育が実践されてきました。しかし多くの場合、本人のやりたい気持ちに対して「スマホ依存は悪」という価値を押し付け、自分で考えて決める「約束」ではなく大人の決めた「ルール」ばかりを強要することに終始しがちになっています。子どもたちはPCやスマホを使うスキルがあり、またさまざまなことに使いたいという欲求を持っているものの、保護者からは「寝た子を起こしたくない」という理由のために過剰とも言えるペアレンタルコントロールがかけられることもしばしばあります。またスマホの機能を使用するスキルはあっても、「心の理論」の獲得の難しさやコミュニケーションの困難、結果の予測といった想像力の弱さなどの障害特性に起因した社会生活上のマナーやモラルの習得の難しさからトラブルに派生することも少なくありません。このように、技術革新によりICTの操作や情報の入手が今後ますます容易になっていく反面、その結果生じるであろう影響、特にネガティブな影響への予測は、もはや本人はもとより保護者も教師も不可能ですし、それを憂慮しすぎるとますます使用させにくくなるというジレンマに陥っています。

2 デジタル・シティズンシップ教育への転換の必要性と検討すべき課題

　「デジタル・シティズンシップ」は、従来型の他律的で抑制的な情報モラルとは異なり、使用する権利の行使者であることを尊重したポジティブな考え方に基づいています。ますます加速化していく情報化社会に生きる障害のある子どもたちに対し、情報アクセスへの真の機会の平等を考える上で、幼少期から障害特性に応じてどのようにして情報活用能力を習得していけばよいのか、デジタル・シティズンシップという視点に立って、学校段階からの教育や情報保障のあり方の検討が求められます。GIGAスクール構想に伴う1人一台端末が学習者の文具として真価を発揮するためにも、知的障害のある子どもにおけるデジタル・シティズンシップ教育の実践の積み上げと普及は急務の課題と言えます。本書の筆者らは、知的障害特別支援学校にて、知的障害のある

子どもとその家族を対象としたデジタル・シティズンシップ教育の実践と研究を始めたところです。しかし、次節で齋藤氏が述べるように、概念的理解が容易ではない、想像力に限界があるなどの、知的障害や発達障害ゆえの障害特性に依拠する難しさが立ちはだかります。また、習得した行動規範が、人や時、場所が変わっても活かせるかという「般化」は、知的障害のある児童生徒にとって容易なことではありません。そのためにも、豊福（2022）も述べるように、いかに本人の生活文脈に沿った学習とできるかが重要となります。

　ところで、デジタル・シティズンシップ教育は、虐待予防プログラムやいじめ予防プログラムと同じく、それ自体の効果検証ができるものではありません。学校心理学における心理教育的援助サービスモデル（石隈・家近，2021）で言えば、こうしたプログラムは全ての子どもに対して行われる心理教育であり、一次的援助サービスに当たります。その上で、問題が発生し苦戦している一部の子どもに対する二次的援助サービスや、障害児も含めた特別なニーズのある子どもの問題発生に対する三次的援助サービスを見越した学校・教師の備えと十分な介入スキルが求められます。特に知的障害児の学校や家庭での生活においては、デジタル・シティズンシップ教育そのものに特性に応じた配慮や工夫、ていねいな翻訳や加除修正が必要であると同時に、常に三次的援助サービス、つまり個別介入への備えと対応は最初からある程度想定してかかる必要があるでしょう。

　デジタル・シティズンシップ教育における重要な基本姿勢である「1　立ち止まる」「2　考える」「3　相談する」というステップは、障害のある子どもには容易なことではありません。子どもによっては、まずもって「相談する」ことができるほうが大事かもしれません。デジタル・シティズンシップにおいて推奨されるプロセスである、

　①オンラインで立ち止まり自分の行動を省みることができる。

　②他の人の気持ちを考え、市民としての責任を考えることができる。

　③情報の出どころや内容をよく確かめ、正しい情報かどうかを確かめることができる。

　④自分や他の人への責任や影響を考えて、とるべき行動を考えることができる。

　⑤オンラインでとるべき行動を決定し、必要なときは助けを求めることができる。

という各部において、障害特性に応じた支援が求められますし、とりわけ知的障害児にはこのプロセス全てにおける支援が不可欠ということも少なくありません。知的障害児の教育に携わるものは、デジタル・シティズンシップ教育そのものの必要性や期待を感じつつ、しかし、それを下学年適用して、全体に一度行えばよいというような簡単なことではないことも理解しています。なぜなら、彼らの障害や発達特性は、単に遅れや未学習のみで説明できるものではなく、発達の様相それ自体が定型発達児とは異なることを知っているからです。子どもの実態あっての教育であり、カリキュラムやプログラムに子どもを当てはめることに拘泥することは適切な支援ではありません。そのため、例えば、行動「規範」レベルでも抽象的で理解が難しい子どもには、この国の時代、文化、生活年齢に照らして適応的な社会生活を送る上で必要な行動、つまり「適応行動」に翻訳して教えていく、といったように個々の理解レベルに応じた運用が求められるでしょう。

3　誰一人取り残さない、インクルーシブ社会実現のためのデジタル・シティズンシップ教育

　筆者は、デジタル・シティズンシップの学びを必ずしも「障害のある人が実装すべきこと」とは考えてはいません。小児科医で脳性まひ当事者である熊谷（2012）が「自立とは依存先を増やすこと」というように、ICF（WHOの示す国際生活機能分類 The International Classification of Functioning Disability and Health）の視点、つまり社会モデルに立てば、「サポートがあってでもウェルビーイングに生きるシティズン」たればよいと思います。そのためにも、障害のある子・特別なニーズのある子とともに生きるすべての子どもをアップスタンダーに育て、真の意味でのインクルーシブ社会を実現する、そんなシティズンシップ教育が求められるのではないでしょうか。

【参考文献】
・石隈利紀・家近早苗（2021）『スクールカウンセリングのこれから』創元社
・熊谷晋一郎（2012）「自立は、依存先を増やすこと　希望は、絶望を分かち合うこと」TOKYO人権.第56号.
・豊福晋平（2022）「デジタル・シティズンシップなんておおげさ？」坂本旬ほか『デジタル・シティズンシップ プラス』大月書店，pp.27-38.

2 知的障害特別支援学校における デジタル・シティズンシップ教育の実践に向けて

齋藤 大地

1．知的障害の特性と情報モラル

　GIGAスクール構想による児童生徒への一人一台端末の配付によって、知的障害特別支援学校においても、端末の整備、運用マニュアルの策定等が急ピッチで進められました。先進的にICTを活用してきた学校においても新規OSへの対応などに追われ、一時期現場は大いなる混乱に見舞われました。特に混乱が大きかったのが、基本的な端末の扱い方からネット上のリスクに至るまでの、さまざまな水準における安全性の担保に関しての初期段階のルール作りでした。多くの学校で、児童生徒の活用の自由度を高めたい一方で、同時にリスクを最小限に抑えたいといったジレンマがあったことと想像します。そこには知的障害特別支援学校特有の難しさもあったはずです。

　知的障害のある児童生徒の学習上の特性として、①学習によって得た知識技能が断片的になりやすく、実際の生活の場で応用されにくい、②成功体験が少ないこと等により、主体的に活動に取り組む意欲が十分に育っていない、③実際的な生活経験が不足しがちであることから、抽象的な指導内容よりも、実際的・具体的な内容の指導が必要である、の3点が挙げられています（文部科学省，2018）。また、知的発達の程度や重複している他の障害によって、一人ひとりの障害の状態が大きく異なり、集団を対象とした一斉指導を行う際にも常に個別の支援の視点を欠かすことができません。

　こうした特性のある知的障害のある児童生徒に対して、従来型の情報モラル教育では、あらかじめ端末の機能を制限し（リスクは可能な限り取り除き）、トップダウン的なルールを設定するといった指導が行われてきました。ある意味それは児童生徒を守るためのものでもありました。しかし社会の変化に基づく教育のパラダイムシフトによって、「守る」という概念そのものが大きく変化しました。つまり、あらかじめ大人が作った小さなプールで自由に子どもたちを泳がせることが「守る」ことなのではなく、大きな海で大人を頼りながらも溺れることなく泳ぐことのできる力を子どもが身に付けることこそ、今とこれからにおける「守る」ことなのではないでしょうか。筆者はこの点に、デジタル・シティズンシップ教育とのつながりを見いだしました。

2．知的障害特別支援学校におけるデジタル・シティズンシップ教育の実践に向けて

　筆者は、各都道府県の先導的な役割を担う国立大学附属特別支援学校（42校）を対象に、情報モラル教育とデジタル・シティズンシップ教育に関する現状と課題を把握するため、調査を実施しました（齋藤、2022）。その結果、学部間に実施状況の差はあったものの、すべての学校が何らかの情報モラル教育に取り組んでいた一方で、デジタル・シティズンシップ教育を志向した取

り組みを実施している学校は2校のみという結果でした。知的障害特別支援学校におけるデジタル・シティズンシップ教育の展開が今後本格化することを踏まえ、以下では調査で明らかになった情報モラル教育の課題を整理したいと思います。その上で、知的障害特別支援学校における3名の先生の実践（実践事例11〜13）と各課題を関連付けることによって、デジタル・シティズンシップ教育の視点からの各課題への対応について考えていきたいと思います。

　調査の結果明らかになった課題には、[教師と子どもの立場]、[自分ごと]、[個別対応]、[個人の力量]、[定期的な学習会]、[保護者向け研修会] 等がありました。まず、[教師と子どもの立場] についてですが、これは指導方法に関する課題です。一般的に、教師から子どもへ一方的に指導するのではなく、教師が子どもを信じ委ね、子ども自身が考えるという行為を経験することで、汎用的な知識やスキルを得ることができます。ただし、抽象的な思考に弱さのある知的障害児に対しては、適切な難易度の課題の設定が不可欠となります。山崎氏の実践（実践事例13）は、知的障害の特性に応じた支援ツールをもとに、考えることそして他者との意見の相違を学びの資源とした実践です。事例の中には授業後の生徒の具体的な姿が示されていますが、そこからは [個別対応] の必要性を感じ取ることができます。先述したように、個人差が非常に大きいことが知的障害特別支援学校の大きな特徴の一つです。爲川（2020）の調査によれば、携帯情報端末を所持している知的障害特別支援学校の中学部の生徒は7.3%、高等部の生徒は36.1%となり、6割以上の高等部の生徒が友人関係に関するネットトラブルを経験したことがあるようです。当然、携帯情報端末所持の有無の背景には、家庭環境等だけでなく知的発達水準も関連します。これまでは何か事故や事件が起きてしまってから [個別対応] をするという場合が多いことが課題とされていましたが、今後は皆がGIGA端末を所持していることを踏まえ、個々に応じた促進的・予防的な対応がより一層重要度を増すでしょう。

　ところで、いかに課題の難易度が適切だとしても、課題の内容自体を子ども自身が [自分ごと] としてとらえていないのでは、日常生活における行動変容までにはつながりません。そこで、酒井ら（2016）が指摘するように、授業で取り上げている内容が自分にとっていかに関連のある事柄であるのか、つまり子どもが [自分ごと] として認知することを可能にする授業デザインが重要になります。樋井氏の実践（実践事例12）は、子どもの実態に沿った課題が設定されており、一人ひとりが"自分"の端末を使って、自分の身近な問題を解決していくことを重視した実践です。樋井氏の実践を読むと、一人一台端末という環境が知的障害児にもたらす恩恵の大きさに改めて気づかされます。

　ここまでは、情報モラルをいかに子どもたちに教えるかという視点で課題を見てきましたが、ここからは大人の視点からの課題を見ていきましょう。情報モラルの分野に関しては、テクノロジーの進展とともに常に知識をアップデートしていく必要があります。そのため、大きな研修会だけではなく、小さな研修会を定期的に実施することのほうが現実的かつ有効であるかもしれません。また、一人一台端末時代の到来は、学校教育のみならず、家庭にもこれまでにない大きな変化をもたらします。今後ますます、学校及び家庭でのシームレスな端末の活用を充実させていくため

には、保護者とその目的を共有する必要があります。そのために、[保護者向け研修会]をどのような形で実現するのか、継続するのかについては喫緊の課題となっています。この点に関しては、後藤氏の「親子ICT教室」の実践（実践事例11）が参考になるはずです。まずは保護者に関心を持ってもらうことからスタートすることで、家庭との連携の糸口を作ることが有効であることがうかがえます。

【参考文献】
・文部科学省（2018）『特別支援学校学習指導要領解説 各教科等編（小学部・中学部）』開隆堂
・齋藤大地（2022）「知的障害特別支援学校における情報モラル教育に関する現状と課題－全国国立大学附属特別支援学校を対象とした質問紙調査から－」宇都宮大学共同教育学部教育実践紀要, 9, pp.57-65.
・酒井郷平・塩田真吾・江口清貴（2016）「トラブルにつながる行動の自覚を促す情報モラル授業の開発と評価－中学生のネットワークにおけるコミュニケーションに着目して－」日本教育工学会論文誌39（Suppl），pp.89-92.
・爲川雄二（2020）「発達アセスメント等に基づく知的障害児向け情報モラル指導カリキュラムの開発」科学研究費補助事業研究成果報告書

実践事例 11

iPadを味方にしよう〜親子ICT教室の取り組み〜

メディアバランスとウェルビーイング

【対象：知的障害特別支援学校　中学部】

後藤　匡敬

1 単元（本時）の目標

　特別支援教育におけるICT活用には、「教科指導の効果を高めたり、情報活用能力の育成を図ったりする」、「障害による学習上又は生活上の困難さを改善・克服する」という2つの視点がある。そのためICT機器は、知的障害のある児童生徒の生活の可能性を広げる重要なツールと言える。本単元は、知的障害特別支援学校中学部全学年を対象に、職業・家庭科（職業分野）の「B情報機器の活用」で実施した。予測困難な未来社会を、ICT機器をより善く活用して生き抜くために、iPadを適切に扱う方法を具体的に学び、適切な態度を養うことができるようにする。また、授業参観の中で生徒と保護者がペアになってiPadを操作したり、各家庭での端末利用の約束を共有したりすることで、iPadの学習利用の理解を促す。

2 指導計画（全3時間）

- iPadの基本操作と扱い方…1時間
- 親子ICT教室（参加型授業参観＋座談会）…1時間（本時）
- 自分に合わせてカスタマイズしよう…1時間

※各授業は、【定着を目指す定番の展開】と、【毎時異なる新しい展開】で構成することで、知的障害のある生徒にとってより確かな学びの機会となることを目指している。

3 使用する教材

- 経済産業省「未来の教室 STEAM Library」

「"じぶんの"パソコンをまなびにつかうってどういうこと？」

https://www.steam-library.go.jp/lectures/866

- Teach U 〜特別支援教育のためのプレゼン教材サイト〜「iPadミッションズ（基礎編）」

https://musashi.educ.kumamoto-u.ac.jp/11001-2/

ワークシートや資料はこちらから

4 本時の展開 「親子ICT教室（参加型授業参観＋座談会）」

時間	生徒の活動	指導上の留意点
導入 【5分】	1　動画 ""じぶんの"パソコンをまなびにつかうってどういうこと？」（3:09）を視聴し、「iPadは学習の道具である」ことを保護者と一緒に確認する。	○まず動画のサムネイルを見せ、登場人物の説明をする。 ○この後の展開で、本動画で出てきたことを適宜話題にする。(図6ワークシートの手立てにつながっている。) ○生徒全員が自分ごととしてiPadの扱い方が意識できるよう、1人1台のiPadを用意しておく。
展開Ⅰ 【7分】 3分 4分	2　iPadをさわるときのいつもの約束を確認する。 (1) iPadの持ち方、運び方【図1】 (2) 学校での約束【図2】	【定着を目指す定番の展開】 ○定着できるよう、展開は毎回同じパターンにする。 ○普段使いするiPadの扱い方を「赤ちゃんだっこ（商標登録：合同会社かんがえる）」のイラストを示すことで想起しやすくする。 ○どの発達段階の生徒も想起したり真似したりして表現できるよう、教師が実際にiPadを抱えて赤ちゃんだっこの手本を示す。 ○「タブレットを使うときは姿勢よくしよう」「自分の目を大切にしよう」などの約束を確認しつつ、「目を30cm離す」「外を見る」など、実際にその場でパフォーマンスする機会を作る。 ○実際に疲れる体の部位を意識できるよう、目や肩を触って隣の生徒や家族と見せ合う展開にする。
【8分】	3　iPadミッションズの映像を見て、iPadの基本的操作に取り組む。【図3】 ・ミッション：イヤホンを最後まで挿す。 ・ミッション：イヤホンの先を持って大事に抜く。	○1分程度のミッション解説動画を見せ、同じミッションを教師が手元を画面に映しながら説明する。 ○イヤホンを挿す／抜く向きや指先の力加減など、操作が難しい生徒も、挿し込む／抜く感覚を味わえるよう、手添えで一緒に抜き挿しする。 ○家庭でも確認できるよう、ミッション解説動画はYouTubeで公開していることを伝える。
展開Ⅱ 【20分】	**発問** iPadを見る時、どんな姿勢だと疲れないかな？	
	4　ミッション「タブレットを見る姿勢を写真に撮ろう」	【毎時異なる新しい展開】

時間	生徒の活動	指導上の留意点
4分	（1）タブレットを見る「よい姿勢」と「悪い姿勢」を演じ、ペアの生徒で写真を撮り合う。	○最初にロイロノート・スクールで実際にカメラを起動して手本を示す。
4分	（2）ロイロノート・スクールのワークシートに撮った写真を貼って提出する。【図4】	○よい姿勢の際の目安となる30cmを意識しやすくなるよう、30cmのケミカルテープを用意する。 ○自ら意識して姿勢を保つ態度が備わるよう、「よい姿勢／悪い姿勢」の例を出すのではなく、あえて自ら「よい姿勢／悪い姿勢」を演じる展開にする。
2分	（3）他の生徒が提出したワークシートを、提出箱を見て確認する。	○撮影はペアの生徒で撮り合うが、ロイロノート・スクール上の操作は、生徒と保護者が一緒になって取り組むようにする（家庭学習時の状況を想定）。
5分	（4）ワークシートに対する教師のコメントを聞く。	○学校での学習内容を保護者と共有する意味合いもあるため、本時の学習事項と絡めて既習事項の確認を丁寧に行う。
5分	（5）姿勢が悪い場合の影響と、止めるときの合言葉（ひとやすみ→いきをすって〜→おしまい）を知る。【図5】	
まとめ【10分】	5　ミッション「家での約束をみんなに伝えよう」	○最初にロイロノート・スクール上の操作の手本を示す。
3分	（1）ロイロノート・スクールのワークシートにテキストカード等を貼って提出する。【図6】	○顔写真の撮影と、ロイロノート・スクール上の操作は生徒と保護者が一緒になって取り組むようにする（家庭学習時の状況を想定）。
3分	（2）他の生徒が提出したワークシートを生徒それぞれがお互いに確認する。	○各家庭がお互いの回答を見て参考にできるよう、ロイロノート・スクールの回答共有機能を使う。 ○共有された回答をもとに、家庭の約束は生活リズムによってそれぞれ異なること、他の家の約束でいいものはまねしていいことを伝える。
4分	（3）ワークシートに対する教師のコメントを聞く。	

※授業終了後、保護者と30分程度の座談会を実施。

【参考資料】
・文部科学省（2020）「特別支援教育におけるICTの活用について」
　https://www.mext.go.jp/content/20200911-mxt_jogai01-000009772_18.pdf
・合同会社かんがえる「GIGAスクール応援！はじめてのタブレット講習『赤ちゃんだっこ』」
　https://sites.google.com/view/kangaeru-giga/introduction
・コモンセンス財団　https://www.commonsense.org/education

5 本時で使用した資料

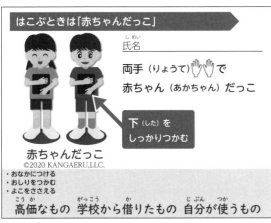

はこぶときは「赤ちゃんだっこ」

氏名（しめい）＿＿＿＿＿＿＿＿

両手（りょうて）で
赤ちゃん（あかちゃん）だっこ

下（した）を
しっかりつかむ

赤ちゃんだっこ
©2020 KANGAERU,LLC.
・おなかにつける
・おしりをつかむ
・よこをささえる
高価なもの（こうか）　学校から借りたもの（がっこう か）　自分が使うもの（じぶん つか）

【図1】　赤ちゃんだっこ

【図1】の赤ちゃんだっこのイラストは、
改変せずにご使用ください。
〈引用：合同会社かんがえる〉
http://www.thinkrana.com/

健康に 気をつけて タブレットを 使おう！
けんこう　き　　　　　　　　　　　　　　つか

氏名（しめい）＿＿＿＿＿＿＿＿＿＿

□　タブレットを使う（つか）ときは姿勢（しせい）をよくしよう
　　タブレットを見る（み）ときは、
　　せすじを伸ばして（の）
　　画面（がめん）から30cm目（め）をはなそう

□　30分（ぷん）に1回（かい）は、タブレットの
　　画面（がめん）から目（め）をはなして遠く（とお）を見（み）よう

□　ねる前（まえ）は、タブレットや
　　デジタル機器（きき）を使う（つか）のもお休み（やす）しよう

□　自分（じぶん）の目（め）を大切（たいせつ）にしよう
　　遠く（とお）を見（み）たり外（そと）で遊ん（あそ）だり、
　　まばたきしたりして、目（め）を休め（やす）よう

【図2】　学校での約束

参考文献：文部科学省「端末利用に当たっての児童生徒の健康への配慮等に関する啓発リーフレットについて」の「タブレットを
使うときの5つのやくそく（児童用）」　https://www.mext.go.jp/a_menu/shotou/zyouhou/detail/mext_00001.html

iPadミッションズ（基礎編）1〜26

氏名

 ★☆☆
したことがない／できない

 ★★☆
先生とできる

 ★★★
ひとりでできる

教えることができる

1 電源を切る ☆☆☆	2 電源を入れる ☆☆☆	3 音量を上げる ☆☆☆	4 音量を下げる ☆☆☆	5 ホームボタンを押してホーム画面を出す ☆☆☆
6 電源ボタンを短く1回押してスリープにする ☆☆☆	7 スピーカー（音が聞こえる）の場所がわかる ☆☆☆	8 マイク（音を録音する）の場所がわかる ☆☆☆	9 イヤホンを最後まで挿す ☆☆☆	10 イヤホンの先を持って大事に抜く ☆☆☆
11 充電ケーブルをコネクタに最後まで挿す ☆☆☆	12 充電ケーブルの先を持って大事に抜く ☆☆☆	13 パスコードを間違えずに入力する ☆☆☆	14 ホーム画面をスクロールしてアプリを探す ☆☆☆	15 ホーム画面のアプリを長押しして動かす ☆☆☆
16 ホーム画面のアプリをドックに入れる／出す ☆☆☆	17 ホーム画面のアプリをフォルダにまとめる ☆☆☆	18 アプリを開く ☆☆☆	19 起動中の他のアプリを開く ☆☆☆	20 使っていないアプリを切る ☆☆☆

21 画面の明るさを調整する ☆☆☆	22 Apple TVにiPadの画面を飛ばす（AirPlay） ☆☆☆

23 タップできる	1本指	☆☆☆
24 長押しできる	1本指	☆☆☆
25 スワイプ（フリック）できる	1本指	☆☆☆
26 ドラッグできる	1本指	☆☆☆

【図3】 iPadミッションズ 出典：Teach U 〜特別支援教育のためのプレゼン教材サイト〜「iPadミッションズ（基礎編）」
https://musashi.educ.kumamoto-u.ac.jp/11001-2/

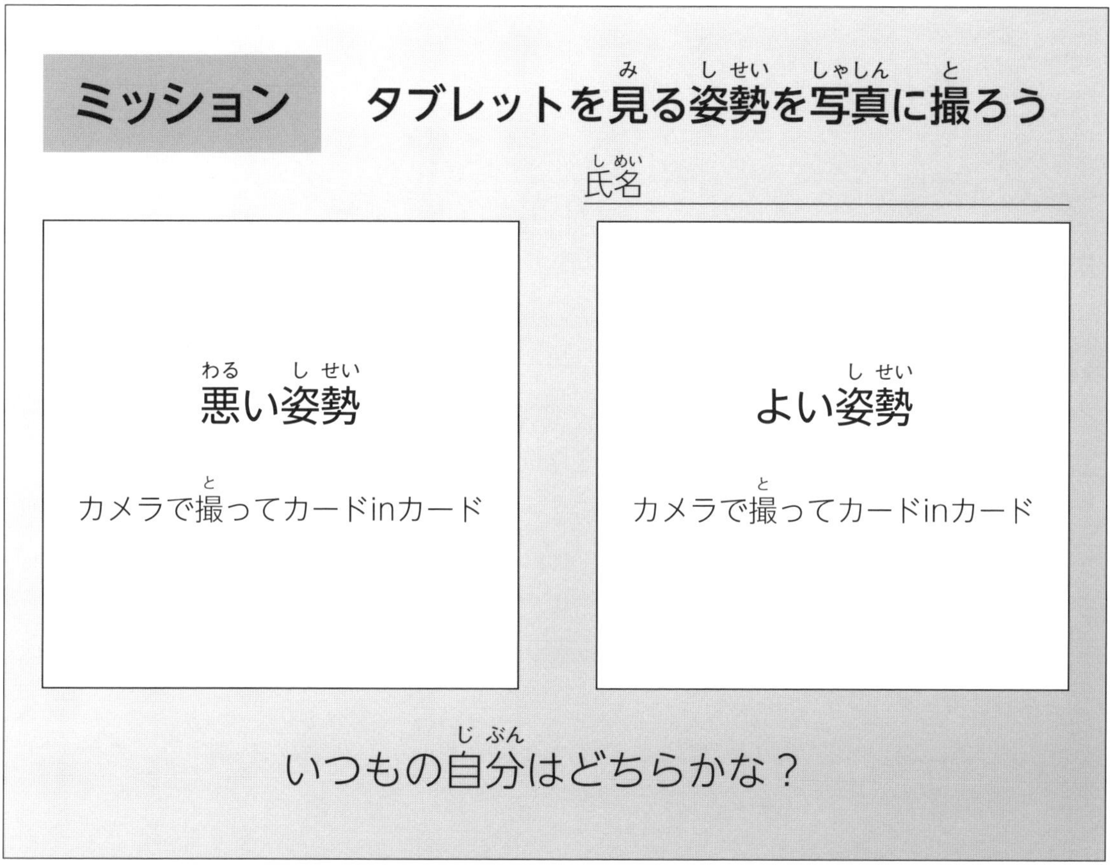

ミッション　タブレットを見る姿勢を写真に撮ろう

氏名 ＿＿＿＿＿＿＿＿＿＿＿＿＿＿＿＿＿

悪い姿勢

カメラで撮ってカードinカード

よい姿勢

カメラで撮ってカードinカード

いつもの自分はどちらかな？

【図４】　ロイロノート・スクールを使ったワークシート「タブレットを見る姿勢を写真に撮ろう」

終わらなくてはいけないときの３つのおまじない

氏名 ＿＿＿＿＿＿＿＿＿

ひとやすみ

▼

いきをすって～

▼

おしまい！

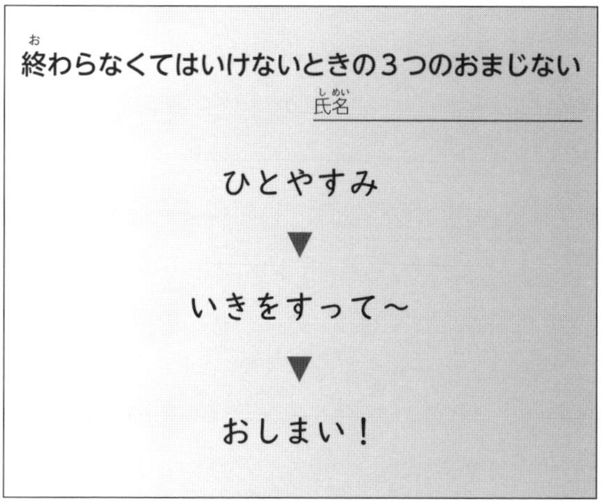

【図５】　止めるときの合言葉
参考：コモンセンス財団
　　　ちょっとひとやすみ（日本語吹き替え版）
　　　https://youtu.be/7NIxxvWPp94

ミッション　家での約束をみんなに伝えよう

氏名 ＿＿＿＿＿＿＿＿＿

顔写真をこちらに
貼ってください

カメラで撮ってカードinカード

「家と学校とで、
　使い方はちがうよね。」

家での約束を
教えてください

テキストカードで
コメント入力
テキストカードに録音
VTRを撮って
カードinカード

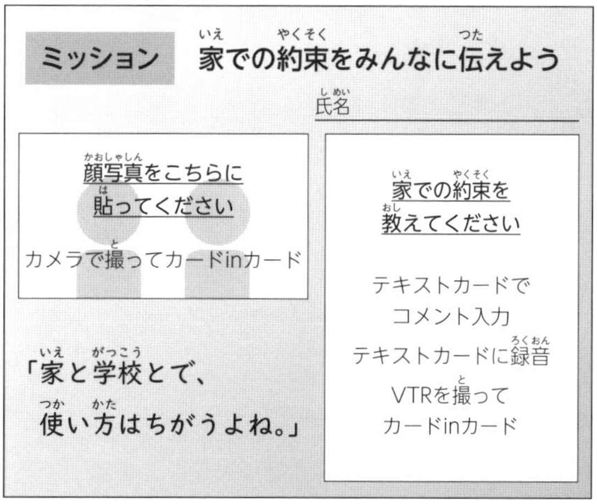

【図６】　ミッション「家での約束をみんなに伝えよう」

著作権・肖像権から、自分の行動を考えよう

ニュース・メディアリテラシー　　デジタル足あととアイデンティティ

【対象：知的障害特別支援学校　中学部】

樋井　一宏

1　単元（本時）の目標

　生徒とともに著作権について再確認し、他者の著作物に対して、自分がどのように行動したいかを考えることを通して、生徒が「著作権」について知り、著作権に対して自分がどう行動するとよいかを考え、自身の行動につなげることができるようにする。

〈学級の特徴〉

○知的障害のある生徒が通う特別支援学校中学部の最軽度グループである。

○GIGAスクールで配備された端末は、iPadを使用している。

〈生徒の実態〉

○デジタル作品や俳句のコンテストの応募を経験しており、個人情報保護について考えたり、作品の著作権について触れたりした経験がある。

○授業の中で画像検索をする際に、Googleの画像検索オプションにあるクリエイティブ・コモンズ・ライセンス（CCライセンス）の検索機能を使用した経験があり、クリエイティブ・コモンズ・ライセンスへの一定の理解がある。

○肖像権について、デジタル作品づくりの中で、他人が写った写真を使用した生徒がいた。その際、使用にあたり、「誰に」「何を」「どのように」確認すればよいかを考えた経験がある。

〈本時に至るまでの過程〉

　GIGAスクールで配備された端末（iPadを使用）を、自分のものとして愛着を持って使えるように「壁紙を自分の好きなものに変更しよう」という実践を行った。その中で、「インターネット上の画像や好きな教師と一緒に撮った写真を使いたい」という声を挙げた生徒がいた。

〈指導にあたる上で必要な教師の意識〉

　著作物の扱いに対する著作者の考えは多様であることや、生徒の実態によっては「権利（著作権）」の概念の理解の深度に差があることが想定される。

　そのため、著作物を利用する側として、著作者や著作物に対する敬意（リスペクト）を持って接する大切さを伝えることに重点を置いた。また、今回の授業では、生徒がイメージしやすいものとして著作物を「宝物」と表現し、インターネット上の著作物（宝物）を著作者（持ち主）から借りて使わせてもらう場面に置き換えて考えられるようにした。生徒の実態に応じて、表現は変更するとよい。

そして、「宝物」である著作物を、なぜ無断で使用してはいけないのかを考える場を設け、「許可を取って使用する」「使用しない」を起点として、自分は、どう行動したいかを決定することができるようにしたい。

　次時の「肖像権」については、他人の写真を撮ったり、使ったりする際に、どのような点に気をつけなければいけないかを考え、許可をもらう際に、具体的に「誰に」「何を」「どのように」確認すればよいかを考えることができるようにしたい。

2 指導計画（全3時間）

＊本単元開始までに作品作りやコンテストの応募などの経験をしていることが望ましい。

・壁紙を変えて自分のiPadを大切にしよう（1時間）

・著作物は「宝物」（1時間）…本時

・肖像権、写真を撮って使いたい時は？（1時間）

＊指導計画・本時の指導案・ワークシートについて、書籍掲載にあたり、授業の主旨を変えない範囲で実際に行った授業に加筆・修正を加えた。

3 使用する教材

・NHK for School　アッ！とメディア〜@media〜「どうして許可をとるの？〜著作権〜」https://www2.nhk.or.jp/school/movie/bangumi.cgi?das_id=D0005180464_00000

・creative commons Japan ホームページ
https://creativecommons.jp/licenses/

・ワークシート

ワークシートや資料はこちらから

4 本時の展開　「著作物は宝物」

時間	生徒の活動	指導上の留意点
導入 【5分】	1　本時の学習の見通しを持つ。	○授業の始まりを意識できるよう言葉掛けを行う。 ○前時「壁紙を変えて自分のiPadを大切にしよう」の活動を振り返った上で、本時では、壁紙にインターネット上の画像や、他人の写真を使う際に気をつけることを踏まえ、自分がどう行動するとよいかを考えることが目標であることを伝え、活動に見通しを持てるようにする。
	発問　インターネット上の画像を自分のために使いたいとき、あなたは何に気をつけて、どう行動しますか？	

時間	生徒の活動	指導上の留意点
展開 【30分】 15分	2-1 動画を視聴し、著作物や著作権について知る。	○動画教材として、NHK for School アッ！とメディア〜@media 〜「どうして許可をとるの？ 〜著作権〜」（10分）を視聴する。 ○動画を視聴しながら、難しい語句に対しては、動画を止め、平易な言葉で言い換えたり、具体的な場面や状況の例を伝えたりするなど補足する。 ○動画を1:45まで視聴し、「著作物」と「著作権」の言葉の意味を確認する。動画を止め、内容を確認し理解できるように留意する。 各言葉の動画内での定義は以下の通りである。 ・「著作物」…写真や小説、音楽など、自分の考えや気持ちを工夫して表現したもの。著作者が大切に作り上げたもの。許可を取れば利用できる場合もある。 ・「著作権」…作品を作者の財産として守る権利などのこと。 ＊「権利」という言葉の理解が難しそうな場合は、「守るためのルール」や「守るためのもの」と説明するなどの工夫が必要。 ○「無断利用に罰金が課せられた事例（2:16〜3:00）」の部分は、恐怖心をあおり過ぎないように留意する。恐怖による禁止ではなく、許諾をとることで適切な利用ができることを促したい。 ※生徒の実態に応じて、クリエイティブ・コモンズ・ライセンスを実際にマークを見せながら紹介してもよい。これは、著作者がどのように作品を扱われたいか意思表示できる国際的なルールであり、著作者が著作物をどのように扱ってほしいかを示している。
8分	2-2 著作権のことを踏まえ、自分はインターネット上の画像をどのように扱うとよいかを考え、**ワークシート[1]**にまとめる。	○インターネット上の画像を使いたいとき、何を確認し、どう行動したいかを考え、ワークシートに記入するように指示する。 ○机間巡視を行い、文章に書くことが難しい生徒に対し、その参考になるように、他の生徒の記述内容を紹介する。また、その内容は、いつでも見返すことができるように板書して残しておく。

時間	生徒の活動	指導上の留意点
7分	2-3 意見交流をする	○**ワークシート[1]**にまとめたことをもとに、自分の考えを発表するように伝える。自身で発表するのが難しい生徒は、教師が代読する形で、意見を紹介できるようにする。 ○生徒が発表するときに、教師は黒板に加筆する形で板書する。発表した意見に対し、「あなたは、どう思いますか」と他の生徒の考えも合わせて聞けるとよい。 ○参考になった意見は、**ワークシート[2]**にメモするように伝える。
まとめ 【15分】 5分 5分 5分	3-1 インターネット上の画像を使うときの自分の約束を考え、**ワークシート[3]**にまとめる。 3-2 自分の作品をどのように使ってもらいたいかを考え、**ワークシート[4]**にまとめる。 3-3 本時の振り返り	○自分で考えたこと、友だちの意見を参考に自分が今後、インターネット上の画像を使用する際に、著作権を踏まえて、どう行動するとよいかを考え、ワークシートにまとめるように伝える。 ○自分の作品を、他人が使いたいと言ってきた場合に、自分はどのように対応するかを考え、ワークシートに記入するように伝える。考えの参考になるように、具体的な場面例などを挙げてイメージしやすくする。 ○考えた内容を共有することで、本時の学習内容を振り返るようにする。 ○著作物は、使用の際には許可が必要であることを確認する。 ○自分自身が著作物を使用する・しないも含め、どのように行動するかを考え、行動することが重要であることを確認する。 ○生徒自身の著作物にも著作権があることを伝え、クリエイティブ・コモンズ・ライセンスのように、どのように使ってほしいかを伝えることが大切であることをおさえる。 ○著作物の扱いで困ったときは、行動するときの3つのステップ、「(困っていることに) 気づく」 → 「質問 (相談) する」 → 「(信頼できる大人と一緒に) 考える」をおさえておく。

【生徒の実態と課題設定の理由】

　本校中学部の中では、最も軽度の生徒のグループである。学習意欲も高く、規範意識も高い生徒である一方で、学習経験や生活経験にはばらつきがある生徒でもある。これまでの授業等で、ICT機器の使用経験はあるが、家庭におけるインターネットやSNS等の活用状況には、ばらつきがある。

　どの生徒も他の授業で自分の好きなイラストを検索したり、動画共有サイトで好きな動画を視聴したりする姿が見られたが、「著作権」を意識している様子は見られなかった。また、作品づくりで写真を撮るときに、特に他の生徒や教師、その他の人が写り込んでいることを気に掛けている様子は見られなかった。

　授業時に「著作権」について知っているかと質問したところ、ほとんどの生徒は「初めて聞いた」と答えた。数名は聞いたことはあると答えたが、「意味はわからない」「何かわからないけれど、罰金を取られるやつ」と答える程度であった。

　そこで、前年度の授業では、作品づくりやその作品をコンテストに応募する機会を設け、「著作権」や「肖像権も含めた個人情報」について、自分事として考えられるようにした。また、「罰金があるから使わない」ではなく、適切に行動すれば著作物を使用することができるということも知ってもらいたいと思い、授業構成を考えた。

　「著作権」という概念は、生徒の実態によってその理解度は異なり、時間経過によって覚えていられる度合いも変わる。そこで、本時では改めて「著作権」や「肖像権」について学習する機会が必要であると考えた。

　生徒の現状や将来を見据えたとき、ICT機器やインターネットを使用しない生活は考えられない。また、何名かの生徒のふだんの状況から、今後SNS等での発信に興味を持つことが予想された。本授業を通じて「著作権」や「肖像権」について知り、それぞれの実態に応じて、適切に両権利について関わることができるようになることが必要であろうと考え、この課題を設定した。

【授業後の様子】

　本授業だけでなく、他の授業においても「著作権」や「肖像権」、「個人情報」について、繰り返し触れることが重要であると考えている。そうすることで、生徒の中に、その意識を定着させていくことができるのではないかと考える。

　「著作権」や「肖像権」の理解の深さは、生徒それぞれに違う。ただし、その存在を知り、他者の作品に敬意を持って接し、大切にしたいという思いを持ち、そのために、自分はどう行動するかを決定し、その決定や行動が尊重される経験の積み重ねが重要と考える。

　加えて、筆者が生徒の成果物や写真を使用する際は、必ず作者である生徒に使用してよいかを確認をとるようにしている（同時に保護者の許可も得るようにしている）。そうすることで、生徒が折に触れて、著作権や肖像権を自分事として考えられるようになるのではないかと考えている。

　それらの結果、他の課題でネット上の写真やイラストを使用したいとき、教師に「これ、著作権は大丈夫かな？」と質問したり、写真やイラストが掲載されているWEBサイトの著作権利用規約などを一緒に調べてほしい旨を伝えてきたりすることができるようになった。

　生徒の発達段階や特性によっては利用規約の調べ方や、規約内の文言の意味理解に困難さがある生徒もいるが、教師に質問し、一緒に問題解決を図ることで、著作権を守ろうとする姿勢が見られた。また、肖像権や個人情報についても、動画制作の課題を行った際には、自身の動画を何度も見直し、他人が写っているシーンや掲示物の氏名が映り込んでいるシーンをカットする様子も見られた。さらにでき上がった動画を複数の教師に「これで大丈夫かな」と確認を求める姿も見られた。

　自分自身で行動を決定するとともに、わからないことに出会ったときや、困ったときに必要に応じて周囲の助けや支援を受けようとする態度を身に付けていくことも重要であると考えている。

ワーク
シート

「著作物は宝物」

年　　　組　　　番　氏名＿＿＿＿＿＿＿＿＿＿＿＿＿＿＿＿＿＿＿

1 インターネット上の画像を使いたいとき、あなたならどうしますか？

（記入欄）

2 ほかの人の意見でよかったところをメモしましょう。

（記入欄）

【自分の約束】を考える

3 インターネット上の画像を使うときの、自分の約束を考えてまとめましょう。
「例：インターネット上の画像を使うときは、〜のことに気をつけたい。〜の
ように使いたい。」

（記入欄）

4 他人が、あなたの作品を使いたいと言ってきたら、あなたはどのように
答えますか？

（記入欄）

実践
事例
13

何を話していいのかな

✓ プライバシー・
セキュリティ

【対象：知的障害特別支援学校　中学部】

山崎　智仁

1 単元（本時）の目標

　　知的障害のある生徒の中には、「家庭の事情や秘密」「お金のこと」「パスワード」等を自ら友だちや教師に話してしまったり、インターネットを介したゲームのキャラクターネームに本名を登録してしまったりすることでトラブルに遭ってしまう場面が見られる。そこでセキュリティやプライバシーに念頭を置き、会話の相手や状況等によって自身の情報をどれだけ伝えてよいかを考え、適切に情報を伝えることで安全に日常生活を過ごすことができるようになることを目標とする。また、インターネット上においてはさらに多くの人に自身の情報が伝わることを学び、セキュリティやプライバシーに配慮して安全にインターネットを利用することができるようになることも目指す。本単元では、生徒のコミュニケーション能力やライフスタイル等から学習理解度が同程度と思われる6名程度の少人数グループを編成し、それぞれ指導を行う。

2 指導計画（全2時間）

・家族や友だちに何を話していいのかな （1時間）
・知らない人に何を話してもいいのかな…本時 （1時間）

3 使用する教材

・ワークシート

ワークシートや
資料はこちらから

4 本時の展開 「知らない人に何を話してもいいのかな」

時間	生徒の活動	指導上の留意点
導入【5分】	1　家族や友だちにどこまで自身の情報を話してよいのかを振り返る。	○前時に生徒らが記入したワークシートを全体に提示し、相手が家族の場合と友だちの場合によって話してよい情報がどのように変わるかを確認し、全体で共有する。
展開【40分】10分	2　知らない人に話しかけられた際に、どこまで自身の情報を話してよいのかを考える。	○生徒が状況をイメージしやすいように、通学の際に知らない人に話しかけられた状況に設定する。また、知らない人に話しかけられている様子を表したイラストを提示しながら説明を行う。

	発問 街の中で知らない人に話しかけられました。(選択肢の中から) 何を話してもよいですか？	
	(1)「名前」「家の場所（住所)」「電話番号」「家族のこと」「好きな食べ物」「お金のこと（持っているお金、家にあるお金)」「パソコンのパスワード」について、知らない人に話してよい、悪いに分別し、【ワークシート①】に貼り付ける。	○選択肢のカードを用意し、一つ一つ確認してもらいながら**ワークシート①**の○（話してよい）と×（話してはいけない）のスペースに貼り付けてもらう（カードには事前に両面テープを貼り付けておく）。悩んでいる姿が見られたときには、何に悩んでいるのかを尋ね、考えが整理できるように助言する。
5分	(2) 分別した理由や思いについて【ワークシート②】に記述する。	○理由や思いが他の生徒にわかりづらい表現で記述してあった場合は、教師から「○○ということですか？」と説明の補足を提案する。 ○記述することが難しい生徒がいる場合は、選択肢をあらかじめ用意しておいたり、教師から選択肢を提案したりし、生徒が理由や思いを選択できるようにする。 【選択肢の例：「家の場所（住所）」を話してはいけないに分別した場合】 ①家の場所が知られて、家に来るかもしれないから。 ②たくさんの人に言いふらすかもしれないから。 ③家で一緒に遊びたいから。

時間	生徒の活動	指導上の留意点
10分	（3）自分の考えを発表したり、友だちの発表を聞いたりする。	○発表を聞く生徒が自身の考えと友だちの考えを比較できるように、発表する生徒のワークシートを大型テレビやプロジェクターで提示して共有する。
5分	（4）知らない人に話してよいこと、悪いことをまとめる。	○それぞれの生徒の分別やその理由などを板書等で整理したり、共通点をまとめたりする。 ○イラストが入ったスライドを提示し、知らない人に個人情報を伝えてはいけない理由を説明する。 【例】 ・家の住所がばれて、つきまとわれたり、いたずらをされたりすることがある。 ・パスワードを使ってパソコンにログインされ、パソコンを壊されたり、個人情報をばらまくソフトを入れられたりすることがある。
10分	3　インターネットで知り合った人に、個人情報を話してよいかを考える。	○インターネットで知り合った人は、たとえ名前や顔が表示されていても虚偽である可能性があることを伝え、知らない人と同じであることに気づけるようにする。 ○イラストが入ったスライドを提示し、インターネットで知り合った人に個人情報を伝えてはいけない理由を説明する。 【例】 ・インターネットで仲よくなった人に名前や住所を教えたところ、SNSで多くの人に広まってしまった。
まとめ【5分】	4　本時の学習を振り返る。	○通学や帰宅の際に、知らない人から話しかけられた場合にどのようにするかを尋ねたり、インターネットで知り合った人に名前を聞かれたらどうするか等を生徒らに質問したりして、学習したことを振り返ることができるようにする。 ○学習内容と生徒が記述したワークシートや生徒が学習している様子を撮影した画像を掲載した便りを保護者に配付したり、クラウドサービスを使って共有したりして保護者の理解促進を図る。

※本実践は、JSPS科研費JP21K02828、JP22K02736の助成を受けたものです。

ワークシート①

年　　組　　番　氏名 _____

知らない人に話してよいこと、悪いことに分けましょう。

ワークシート①で使用するカード

名　前	家の場所（住所）	電話番号
家族のこと	好きな食べ物	お金のこと（持っているお金、家にあるお金）
パソコンのパスワード		

13　何を話していいのかな【プライバシー・セキュリティ】　107

どうして そうしたの？

【授業時の様子と課題】

　生徒の半数は相手によって伝えてよい情報の判断がおおよそできており、「家族のこと」や「お金のこと」は友だちや知らない人には話すべきではないことを発表することができていた。一方で、イメージすることに困難さがある生徒や「家の場所（住所）」「家族のこと」「お金のこと」などへの理解が不十分な生徒は、誰に対しても全ての情報を伝えてよいと判断していた。また、個人情報がばれると犯罪行為をされるといった情報が先行してしまい、家族にさえ自分の名前を言ってはいけないと主張する生徒の姿も見られた。そのため、社会に適応した判断ができている生徒の意見を中心に、相手によって伝えてよい情報を整理し、共通理解を図った。生徒らは、家族、友だち、知らない人という相手との関係性を踏まえて、伝えてよい情報をおおよそ理解することができた。一方で課題も残った。友だちに「家の場所（住所）」を話してよいかを考えた際に、「友だちと遊びたいから話したい」という生徒と「個人情報なので話したくない」という生徒がいた。このように相手との親密度や状況等によって、伝えてよい情報が異なってくる場面が多々あり、どのように指導すべきか、何を正解とするかの課題が残った。

　知的障害児は日常生活の中で概念を形成したり、曖昧な概念の判断をしたりすることが難しい傾向がある。そのため、例えば「家族」とは祖父や祖母までなのか、それとも叔父や叔母、いとこ等は入るのかといった判断が難しい。これは家庭環境によってそれぞれ異なるのでなおさらである。「友だち」も仲のよい間柄の者とするのか、親交のない顔見知りも含めるのかが問題となろう。「知らない人」に関しても同様で、例えばクラスメートの保護者は生徒にとっては「知らない人」であっても保護者から見ると「子どもの友だち」である。話し掛けられる場面は生じてくるだろう。生徒らが社会に適応して行動できるよう、事前に「家族」や「友だち」、「知らない人」といった概念を形成しておいたり、状況に応じて家族や友だち等の判断ができたりするように指導しておく必要があることがわかった。

【授業後の様子】

　授業を終え、今まで家庭の事情等を自ら友だちや教師に話をしていた生徒は、そのようなことを人前で話すことがなくなった。また、以前までは教育実習生に住んでいる場所やプライベートなことを尋ねる生徒の姿が見られた。しかし、授業後には相手の個人情報を意識できるようになったのか、不適切なことを尋ねる姿は見られなくなった。一方、一部の生徒は教師が生徒の連絡帳を見ようとすると「個人情報なので見せられません。」と言ったり、教育実習生に名前を尋ねるものの、「失礼しました。個人情報でした。」と謝ったりするようになった。本単元の活動が過剰学習となったのである。「連絡帳は家の人と先生が連絡するものでもあるんだよ。」、「これからお世話になる先生だから、名前を尋ねてもいいんだよ。」など、状況に合わせて生徒らに適切な行動を伝えている。今後もこのようなことが起きることはあると思うが、理由とともに適切な行動を伝えていくことで学習したことが日常生活へとつながっていくと考えている。

おわりに ―私たちの旅はまだはじまったばかり―

　これをおわりに書くのはどうか、とも考えたのですが、どうかご理解いただきたいのです。2023年現在、我が国でのデジタル・シティズンシップの授業づくりには、まだわかりやすい道標がありません。

　例えば、海外で紹介されている教材の枠組み構成、ロジカルな展開、重点の置き方、見取りの方法など、私たちが学ぶべき点は数あれど、これらを日本の授業でそのまま使う訳にはいかない。多くの方が直観的にそう思うのですが、では、具体的にどうすればよいか？という問いに対して簡単で確実な答えはまだない、ということです。

　もちろん、設定した授業時間に対して活動内容が多い、日本の慣習や常識と矛盾する、といったテクニカルな課題もありますが、むしろ、授業指導案の企画で多くの人々が（そして私自身も）直面するのは、明確には言語化できない漠然とした違和感、あるいは、積極的に手を付けるべきところと、変えてはいけないところをどう区別したらよいか、といった、明確に一線を引きにくい「何か」ではなかったでしょうか。

　これまでの情報モラルの指導とデジタル・シティズンシップのそれとでは扱う領域が重複しており、教えるべき知識・スキルや導かれる解決策も似ているので、「何がどう違うのか」以上に、「そのシナリオや指導は、本当にデジタル・シティズンシップの趣旨に合っているのだろうか」が繰り返し問われることになりますが、そのたびに私自身が気づかされたのは、シティズンシップの骨格をなす民主主義的な考え方や方略が、必ずしも自分たちの信念・認識・思考と十分馴染んでいない、社会や学校の常識になっていないということでした。

　だからこそ、この書籍に掲載されたそれぞれの指導案もまとまるまでのプロセスでは、執筆者の中での反芻に加え、レビューする側とのやり取りに、かなりの時間と労力（と時には激しいやりとり）を必要としたのではないでしょうか。

　今回多くの方々に関わっていただき、ここにまとめられた授業指導案の背景には、それぞれ目標にたどり着くための長い思索と試行錯誤の軌跡があり、やりとりのなかから言語化・知識化されてきた事柄も多くあったように思うのです。

　指導案の検討や教室での実践を通じ、こうした知見が徐々に馴染むことで、私たちは、以前よりは自信を持って、授業を通じてデジタル・シティズンシップの本質を語り、子どもたち（そして保護者や地域の人々）ともやりとりができるように成長します。

　私たちの思索の旅はまだまだはじまったばかりです。テクノロジーの善き使い手を育て、社会のシティズンシップを実現するための営みに、ぜひ関わっていただければと思います。

　2023年6月

豊福　晋平

【著者】

坂本 旬（さかもと じゅん）
法政大学キャリアデザイン学部教授　日本デジタル・シティズンシップ教育研究会共同代表理事

豊福 晋平（とよふく しんぺい）
国際大学GLOCOM准教授/主幹研究員　日本デジタル・シティズンシップ教育研究会共同代表理事

芳賀 高洋（はが たかひろ）
岐阜聖徳学園大学DX推進センター長/教育学部教授　日本デジタル・シティズンシップ教育研究会副代表理事

今度 珠美（いまど たまみ）
一般社団法人メディア教育研究室代表理事　国際大学GLOCOM客員研究員
日本デジタル・シティズンシップ教育研究会副代表理事　https://tamamiimado.net/

林 一真（はやし かずま）
名古屋市立大坪小学校教諭　日本デジタル・シティズンシップ教育研究会理事

野本 竜哉（のもと たつや）
一般社団法人iOSコンソーシアム代表理事　日本デジタル・シティズンシップ教育研究会理事

水内 豊和（みずうち とよかず）
島根県立大学人間文化学部保育教育学科准教授　博士（教育情報学）　公認心理師・臨床発達心理士SV

齋藤 大地（さいとう だいち）
宇都宮大学共同教育学部助教　修士（心身障害学）　学校心理士・S.E.N.S-SV

勝見 慶子（かつみ けいこ）
学校法人エンゼル学園子育て支援センター長　香川短期大学非常勤講師　博士(学校教育学)

斉藤 剛（さいとう つよし）
札幌市立中央小学校教諭　北海道教育大学教育養成課程卒

有山 裕美子（ありやま ゆみこ）
滋賀文教短期大学講師　法政大学・都留文科大学非常勤講師「情報メディアの活用」担当
日本デジタル・シティズンシップ教育研究会専門委員

秋山 貴俊（あきやま たかとし）
成城学園初等学校教諭　日本スクールコーチ協会認定スクールコーチ
日本デジタル・シティズンシップ教育研究会専門委員　https://lit.link/akitakasensei

浅村 芳枝（あさむら よしえ）
下松市立下松小学校教諭　日本デジタル・シティズンシップ教育研究会専門委員

今田 英樹（いまだ ひでき）
広島女学院中学高等学校保健体育科教諭　Google for Education 認定トレーナー
https://www.facebook.com/Imadahideki

大崎 貢（おおさき みつぐ）
上越教育大学附属中学校教諭　Apple Distinguished Educator　Apple Professional Learning Specialist

山﨑 恭平（やまざき きょうへい）
学校法人軽井沢風越学園教諭（技術・家庭科）　日本デジタル・シティズンシップ教育研究会専門委員
兵庫教育大学大学院連合学校教育学研究科修了　博士（学校教育学）

後藤 匡敬（ごとう まさたか）
熊本大学教育学部附属特別支援学校教諭　修士（教育学）
Teach U〜特別支援教育のためのプレゼン教材サイト〜主宰 https://musashi.educ.kumamoto-u.ac.jp/

樋井 一宏（ひのい かずひろ）
大阪府立西浦支援学校教諭　H.P.『ダッシュニンの特別支援教材室』管理人 https://dashnin-kyouzaiko.com

山崎 智仁（やまざき ともひと）
旭川市立大学経済学部助教（元富山大学教育学部附属特別支援学校教諭）、修士（教育学）

JDiCE
Japan Digital Citizenship Education Research Group
日本デジタル・シティズンシップ教育研究会

https://www.jdice.org/

※本書掲載アドレスは、2023年5月1日に確認しました。

・「Apple TV」「iPad」「AirPlay」は、米国およびその他の国で登録されたApple Inc.の商標です。
・「Facebook」「Instagram」は、Meta Platforms, Inc.の商標または登録商標です。
・「Google」「Google Classroom」「Google Jamboard」「Googleフォーム」「Googleマップ」「YouTube」は、Google LLCの商標または登録商標です。
・「LINE」は、LINE株式会社の商標または登録商標です。
・「TikTok」は、ByteDance Ltd.の商標または登録商標です。
・「Yahoo!」は、ヤフー株式会社の日本国内における登録商標または商標です。
・「ニコニコ動画」は、株式会社ドワンゴの商標または登録商標です。
・「ロイロノート・スクール」は、株式会社LoiLoの登録商標または商標です。
・「QRコード」は、株式会社デンソーウェーブの登録商標です。
その他、本書に記載されている会社名、商品・サービス名は、各社の商標または登録商標です。本文中に、©、TM、®などは明記していません。

表紙デザイン・製作：久保田哲士　　本文デザイン・製作：株式会社カトルエフ　　イラスト：ンバンジ直子

はじめよう！デジタル・シティズンシップの授業
―善きデジタル市民となるための学び―

2023年 7 月10日　初版第1刷発行
2024年 8 月 1 日　初版第3刷発行

編著者　　日本デジタル・シティズンシップ教育研究会
　　　　　坂本旬　豊福晋平　芳賀高洋　今度珠美　林一真　野本竜哉
発行者　　河野晋三
発行所　　株式会社日本標準
　　　　　〒350-1221　埼玉県日高市下大谷沢91－5
　　　　　電話　04-2935-4671
　　　　　FAX　050-3737-8750
　　　　　URL　https://www.nipponhyojun.co.jp/
印刷・製本　株式会社リーブルテック

ISBN978-4-8208-0743-8 C3037　Printed in Japan
◆乱丁・落丁の場合はお取り替えいたします。
◆定価はカバーに表示してあります。